Jörg Müller / David Dejori

Heilung durch Versöhnung

Jörg Müller/David Dejori

Heilung durch Versöhnung

Modell einer erfolgreichen
christlich orientierten
Psychotherapie

Betulius Verlag Stuttgart

Meinen Mitarbeiterinnen und Mitarbeitern
in der HEILENDEN GEMEINSCHAFT:
Ingrid Barth
Michael Bommer
Brigitte Friedel
Joachim Heisel
Alois Hofmann
Maria Christina Illich
Gertrud Kemmerling
Ursula Lehmann
Monika Reinhardt
Andreas Reinold
Bertram Rohr
Maria del Carmen Vallinas
und allen unseren Gästen

Die Deutsche Bibliothek – CIP-Einheitsaufnahme
Heilung durch Versöhnung : Modell einer erfolgreichen
christlich orientierten Psychotherapie /
Jörg Müller/David Dejori. – 1. Aufl. –
Stuttgart : Betulius, 1999
ISBN 3-89511-056-6

1 2 3 4 04 02 00 99
Einbandgestaltung nach einem Entwurf von
Florian Huber, Thalhausen
Reproduktion: Pix' Unlimited, Stuttgart
Gesamtherstellung: Clausen & Bosse, Leck

ISBN 3-89511-056-6

Inhalt

Jörg Müller: Heilende Gemeinschaft

Jörg Müller

HEILENDE GEMEINSCHAFT

Da haben wir es also. Ein Drittel aller Depressiven sind unerkannt und unbehandelt, weil sie ein Krankheitsbild bieten, das nicht ins Konzept paßt. Diese Menschen sind aktiv, sportlich, solargebräunt, erfolgreich, leiden aber unter Schlafstörungen, Verspannungen, Eßstörungen, sexueller Unlust, können sich nicht mehr freuen. Sie kompensieren ihre Freudlosigkeit mit sportlichen und beruflichen Aktivitäten, bis es nicht mehr geht. So steht es im »Stern« Nr. 43/1998, S. 64ff. Der Arzt verschreibt Pillen. Er erkennt dahinter nicht die larvierte Depression, die inzwischen 27% der Bevölkerung erreicht hat, so Professor Hans-Ulrich Wittchen vom Max-Planck-Institut in München, der jene vernachlässigte Gruppe in seiner Erhebung entdeckt hat und Alarm schlägt. Und was ist die medizinische Reaktion darauf? Man will dem Problem biochemisch auf die Schliche kommen, indem der gestörte Serotonin-Haushalt wieder ins Gleichgewicht gebracht wird. Na prima. Wenn dies die einzige Antwort auf das Problem ist, wundert es mich nicht, daß sich immer mehr Hilfesuchende alternativen Methoden zuwenden, die über den Stoffwechsel hinausschauen.

Eine bittere Erkenntnis

Als ich an der Universität in Trier Psychologie zu studieren begann, war ich begierig, nützliche und brauchbare Dinge für meine künftige Arbeit als Psychotherapeut zu lernen. Ich wollte, wie so viele andere vor mir, Einblicke in die seelischen Zusammenhänge bekommen, schließlich mich selber besser begreifen lernen, um den vielen leidenden Menschen helfen zu können. Ich hatte gerade das Diplom der Theologie erworben mit der bitteren Erkenntnis, kaum etwas mitbekommen zu haben, das ich irgendwie hätte umsetzen können für den nach Gott suchenden und an Gott leidenden Menschen. Die meisten von uns wandten sich der Theologie zu, weil sie später einmal praxisorientierte und lebensnahe Seelsorge in den Gemeinden oder Schulen betreiben wollten. Nicht wenige Kommilitonen haben die Flinte ins Korn geworfen; manche haben sich endgültig von der Kirche verabschiedet. Diejenigen, die Priester geworden sind, wußten aber auch nicht, wie sie nun den fragenden, kritischen Menschen begegnen sollten. Wir haben jahrelang gebüffelt, gelernt, geschrieben und abgeschrieben, diskutiert und philosophiert ... und jetzt stellten wir erhebliche Defizite im praktischen Bereich fest: Wir haben nicht gelernt, mit verletzten Menschen umzugehen, geschweige denn mit verirrten Schafen oder mit jungen Leuten, die sich von den kirchlichen Institutionen unverstanden fühlten. Wir hatten keine schlagkräftigen, überzeugenden Argumente parat, wenn es um Klarstellung christlicher Lehren ging; wir wußten nicht umzugehen mit Skrupulanten, mit zwanghaften, ängstlichen, depressiven Menschen, die uns in ihrer religiösen Not aufsuchten. Irgend etwas fehlte. Wir waren gut ausgebildet worden – theoretisch. Wir kannten uns aus in der Frühscholastik; wir wußten um die Kritik der reinen Vernunft; wir haben Max Scheler, Edmund Husserl und Arnold Gehlen studiert. Dagegen ist überhaupt nichts zu sagen. Doch wie man streitet und wie man sich dann wieder

versöhnt, wie man als erlöster Christ lebt und seine Erfahrungen mit dem Gott der Freude und Liebe weitergibt, das war in den klugen Lehrplänen nicht vorgesehen. Wen interessiert jetzt noch angesichts der menschlichen Not, wann die mesopotamischen Könige gelebt haben, wer Utuchegal war und was Tiglatpilesar machte? Was kann ich jetzt anfangen mit der Summa theologica des Thomas von Aquin? Weshalb mußte ich das Bibelhebräisch pauken, das jetzt der Vergeßlichkeit zum Opfer fiel? Warum hat man uns darüber hinaus nicht beigebracht, die Nöte der Menschen zu erkennen, sie zu erspüren? Weshalb lehrte man uns nicht, wie man Menschen für die Botschaft Gottes begeistert, wie man sich in die Herzen der Hörer predigt statt über die Köpfe hinweg? Natürlich wußten wir, wie man eine Predigt macht. Einleitung, Hinführung zum Thema, zentrale Aussage des Evangeliums, Anknüpfung an die Lebenssituation des Hörers usw. Doch geübt wurde nur einmal. Religiöse Diskussionen oder Rollenspiele für Streitgespräche und für die Beichtpraxis gab es nicht.
Den Kopf voller Antike wandte ich mich also dem nächsten Studium zu. Doch die Ernüchterung ließ nicht lange auf sich warten. Wer der Meinung war, das Studium der Psychologie verhülfe zu einem brauchbaren Rüstzeug, Gott, die Welt und sich besser kennenzulernen, mußte rasch eines Schlechteren belehrt werden. Gott kam überhaupt nicht vor, er war allenfalls eine Projektion unseres Wunschden-

kens; die Welt wurde reduziert auf eine mechanistische, statistische und meßbare Größe; und der Mensch mit seiner so störanfälligen Psyche wurde höchstens mit unterschiedlichen Testverfahren und Fragebögen erfaßt, einschließlich seiner Intelligenz, die »das ist, was der Intelligenztest mißt«. Als dann die Vorlesung »Statistik II« von einem Tonband abgespult wurde, weil (damals 1971) kein Dozent imstande war, dieses Fach persönlich zu lehren, verließ ich den Hörsaal, exmatrikulierte mich und setzte meine Studien in Salzburg fort. Dort endlich fand ich, was ich suchte: eine am menschlichen Leben orientierte Psychologie und die Möglichkeit, in der Psychiatrie die für einen künftigen Therapeuten und Seelsorger wichtigen psychopathologischen Phänomene zu studieren.

Es folgten zahlreiche Zusatzausbildungen in therapeutischen Methoden. Ich verschlang sie. Es wurden unzählige Fallbeispiele durchgespielt. Wir bekamen Einblicke in die unterschiedlichen Neurosen, Psychosen und Psychopathien. Wir sammelten »Scheine«, d. h. Ausbildungsnachweise in den praktischen Disziplinen. Doch eines kam im Dschungel der Therapieverfahren nie vor: die Versöhnung. Fragen nach Schuld und Vergebung, nach Gott und Glaube galten als unwissenschaftlich und waren im psychoanalytischen Denken überhaupt nicht existent. Ich fragte mich, wie man denn einen unversöhnten, sich selbst ablehnenden Menschen oder jemanden, der aufgrund zahlloser seelischer Verletzungen krank geworden ist, heilen will unter Ausklammerung elementarer Dinge. Hat denn nie einer von diesen gescheiten Analytikern und Therapeuten die heilende Erfahrung der Vergebung gemacht? Oder haben sie allesamt Angst voreinander, diesen Aspekt öffentlich zu bekennen? Haben sie denn nie begriffen, woher der geringe Erfolg der rein humanistisch orientierten Therapien kommt?

Viele Psychotherapien helfen nicht

Wer heute als Patient in einer beliebigen psychosomatischen oder psychiatrischen Klinik weilt, muß weder Angst noch Hoffnung haben, mit religiösen Themen konfrontiert zu werden. Nicht einmal in sogenannten katholischen Krankenhäusern ist es üblich, daß das Personal spirituelle Bereiche anspricht. Und selbst das Sakrament der Krankensalbung ist zur Letzten Ölung verkommen und wird oft erst erbeten, wenn der Patient schon tot ist.
Dabei ist die Suche nach einer tragfähigen spirituellen Ausrichtung, die Frage nach dem liebenden Gott und nach einem heilenden Sinn intensiver denn je. Sie gehört wesentlich zu einer ganzheitlichen Therapie. Die Patienten scheinen es eher als ihre Ärzte und Psychologen gespürt zu haben, daß die Vergabe von Pillen, Spritzen und Kuren nicht

alles sein kann. Sicherlich gibt es auch die Sorte von Patienten, die es ihrem Arzt verübeln würde, wenn dieser von der Notwendigkeit der Vergebung oder von der Bewußtmachung verdrängter Schuld reden würde. »Bitte helfen Sie mir, aber verändern Sie mich nicht« lautet ihre Devise. Es liegt klar auf der Hand, daß hier keine wirkliche Heilung stattfinden kann, lediglich eine kurzfristige Symptombefreiung.

Eines Tages wurde ich zu einer Patientin in die Psychiatrie gerufen. Sie wurde wegen Suizidgefahr in die geschlossene Abteilung gebracht. Ich fand eine medikamentös lahmgelegte Frau vor, die Mühe hatte, mir ihr Anliegen zu nennen. Sie wünschte eine Beichte und die Krankensalbung, besonders aber das handauflegende Gebet. Ich ging auf ihre Wünsche ein und tat meinen Dienst. (Fragen Sie mich nicht, wie ich in die Geschlossene reinkam. Es war eine gehörige Portion Überzeugungskunst nötig.) Im Gespräch kam heraus, daß sie unter fürchterlichen Schuldgefühlen litt, weil sie vor vielen Jahren eine willentlich herbeigeführte Totgeburt hatte und nun die Strafe Gottes zu verspüren meinte. Ich sprach von der Barmherzigkeit Gottes, die alles vergibt, was bereut wird, und die uns auffordert, den Blick nach vorne zu richten. Dann sprach ich ein Gebet um Versöhnung mit dem abgelehnten Kind und um Befreiung von der Depression.

Anderntags war sie wie verwandelt. Drei Tage später wurde sie entlassen. Sie rief mich an und teilte mir mit, daß sie all die Jahre nicht über dieses Problem zu sprechen wagte aus Angst vor Sympathieverlust. Einmal sei sie von einem Pfarrer, dem sie es anvertrauen wollte, gehörig »runtergeputzt« worden. Seitdem schwieg sie.

Immer mehr Ärzte und Psychotherapeuten erkennen die Notwendigkeit des Schuldbekenntnisses und der Vergebung, wissen aber nicht damit umzugehen, weil sie keine Erfahrungen haben und die Ausbildung derlei unterschlägt. Mich erreichen immer wieder Anfragen nach einer christlich bzw. biblisch fundierten Weiterbildung. Inzwischen gibt es die Vereinigung von Christen in Heilberufen, die überkonfessionelle Akademie IGNIS, die Hagiotherapie aus der privaten Initiative von Professor Ivancic aus Zagreb, eine informelle Gruppe christlicher Ärzte, Psychologen und Heilpraktiker in München, die PRO LIFE-Ärzte, die für das ungeborene Leben eintreten, das Rekollectiohaus in Münsterschwarzach, das biblische Therapiemodell im Kloster Sießen und die Heilende Gemeinschaft in unserem Freisinger Haus, ebenso in Maihingen. Sie alle wollen den spirito-psycho-somatischen Aspekt ansprechen und sehen die innere Heilung (die Versöhnung) des Patienten als wesentliche Voraussetzung für die äußere (organische, funktionelle) Genesung.

In Deutschland gibt es 140 000 ausgebildete Psychotherapeuten; rund 30 000 Studenten bereiten sich auf ihre psychologische Tätigkeit vor. Unter den Therapeuten haben sich sehr viele Vertreter alternativer Heilmethoden gemischt, die mit den drei klassischen Richtungen – Gesprächstherapie, Verhaltenstherapie und tiefenpsychologische Methode – konkurrieren. Es gibt 600 verschiedene therapeutische Richtungen, darunter immer mehr alternative esoterischen Schlags wie Reiki, Feldenkrais, tantrisches Heilen, Channeling, Feuerlaufen, Kinesiologie, Bachblüten, Schamanismus ... Im Klartext: Die Leute wenden sich, von der schultherapeutischen Wissenschaft enttäuscht, jenen Formen zu, die Glaube und Therapie, Religion und Wissenschaft verbinden.

Freud zum Trotz erkennen jetzt auch seine psychoanalytischen Zöglinge immer mehr, daß es ohne Religion nicht mehr geht. Vor allem: Es muß endlich der Blick mehr auf die Zukunft als auf die Vergangenheit gerichtet werden, d. h. es muß keineswegs alles von Kindheit an durchgekaut und analysiert werden, um Befreiung zu erreichen. Oft reicht eine Bewußtmachung verdrängter und verschlüsselter Gefühle, die dann mit der Akzeptanz und mit dem Abgeben an Gott (Ver-gebung) entsorgt werden können. Entscheidend bleibt die Zukunftsplanung und Zielsetzung. Davon ist auch der österreichische Psychotherapeut Paul Watzlawick überzeugt. Und allen Skeptikern und Gottsuchern empfehle ich letztlich, so zu leben, als ob es Gott gäbe.

Viktor Frankl hat bereits mit seiner Logotherapie einen Ansatz gewählt, der Religiöses nicht ausschließt. Doch konnten sich die kranken Kassen nicht dazu durchringen, diese Form der Therapie anzuerkennen, wie sie sich überhaupt schwer tun, religiöse Komponenten zu akzeptieren, selbst wenn sie erwiesenermaßen eine preisgünstigere Heilung bewirken als die herkömmlichen, weltanschaulich »neutralen«. Haben die Ärzte Angst, daß ihnen die *Fälle* wegschwimmen?
Wann endlich bemühen sich unsere psychologischen und medizinischen Hochschulen und Ausbildungsinstitute um eine wirklich ganzheitliche Ausbildung, also um die Integration religiöser und sinngebender Faktoren, die im Leben des Menschen eine heilende oder auch eine krankmachende Rolle spielen können? Wann entrümpeln die theologischen Hochschulen ihre kognitiv und abstrakt überfrachteten Lehrpläne, um Platz zu schaffen für die wirklichen Nöte derer, für die der künftige Seelsorger da sein will?

Eine Psychotherapie ohne Gott ist nur eine halbe Therapie

Wie gesagt: religiöse Fragen spielen bislang keine Rolle. Mögen die humanistisch geprägten und freudianisch arbeitenden Therapeuten auch privat praktizierende Christen sein, so halten sie aus methodischen Gründen jegliche weltanschauliche Frage aus dem Konzept der Therapie heraus. Ein Grund dafür dürfte darin zu suchen sein, daß in der deutschen Psychologie die psychoanalytische Deutung der Religion als »universelle Zwangsneurose« (Sigmund Freud) lange Zeit das Denken so beeinflußte, daß es eine bis heute noch spürbare, wenn auch schwindende Religions- und erst recht eine Kirchenfeindlichkeit gibt. Auch die kirchliche Skepsis gegenüber der Psychologie hat wohl zu dieser Enthaltsamkeit beigetragen.

Freud behauptete, Gott sei die Projektion unseres Wunschdenkens. Allerdings könnte es auch umgekehrt sein: Freud projizierte seinen Wunsch nach der Nichtexistenz Gottes. Denn jeder gesunde Menschenverstand wird rasch begreifen, daß kein Mensch einen Gott wünscht und projiziert, der ohnmächtig am Kreuz endet. Glaube und Vernunft müssen keineswegs im Konkurrenzkampf miteinander stehen. »Eine Philosophie, die nicht mehr die Frage nach dem Sinn des Daseins stellt, würde ernsthaft Gefahr laufen, die Vernunft zu rein instrumentalen Funktionen zu degradieren, ohne jegliche echte Leidenschaft für die Suche nach der Wahrheit«, schreibt Papst Johannes Paul II in seiner 13. Enzyklika »Fides et ratio«.

Viele Analytiker haben in ihrer Ausbildung Religion nur in der Deutungsweise Freuds kennengelernt.

Wer da nicht von Haus aus eine personale Gottesbeziehung bewahrte, kippt schnell um. Es verwundert nicht, daß auch manche Priester ihrer Kirche und ihrem Glauben den Rücken kehren, nachdem sie eine solche Ausbildung genossen haben.
Hier liegen die alten Berührungsängste zwischen Theologie und Psychologie. Wo Glaube und Gott als lebenseinengende Größen gesehen werden, ist kaum noch Platz für ein unbefangenes Gespräch untereinander. So hatte die Kirche immer eine ambivalente Einstellung, wenn es darum ging, die Psychologie in die pastorale Ausbildung ihrer Theologen zu integrieren. Ein Bischof lehnte meine Weihe zum Priester ab mit den Worten: »Sie sind Psychologe. Das erschwert die Situation.«
Manchmal hat man das Gefühl, die verschiedenen Therapie-Schulen seien selbst zur Weltanschauung geworden, zu einem Religionsersatz, in dem der Therapeut die Rolle Gottes einnimmt. Wo persönliche Schuld eines Menschen wegpsychologisiert wird, wo es keine Rückbindung an einen personalen Gott gibt und wo irreführende Wege zur Selbsterlösung aufgezeigt werden, kann keine dauerhafte Kern-Gesundheit entstehen.
Der Trierer Psychoanalytiker und Pastoraltheologe Heribert Wahl räumte bei einem Therapeutentreffen in Basel ein, daß es ein menschliches Grundbedürfnis ist, sich nach einem Selbstobjekt auszurichten. Zunächst einmal ist dies die Mutter oder der Vater.

Später wandelt sich dieses Objekt. »Gott kann«, so Heribert Wahl, »ein unverzichtbares Selbstobjekt sein. Das hat mit Unreife nichts zu tun.«
Derzeit gerät also das Menschenbild der Freudianer ins Wanken. Es geht in der Therapie nie allein darum, zu mir selbst zu kommen. Es geht auch darum, zu einem göttlichen Gegenüber zu kommen. Doch was macht ein Therapeut bzw. ein Analytiker, wenn der Patient von Gott zu reden beginnt? Wie geht er um mit Schuld (Sünde) und Schuldgefühlen? Steht es nicht im Kittel-Lexikon geschrieben, daß therapeuo nicht nur heilen heißt, sondern auch anbeten?

Wer einmal als christlicher Therapeut bekannt wird, kann sich der vielen Anfragen nach einer Therapie kaum erwehren. Die Erkenntnis, daß letztlich eine transzendentale Sinngebung und die Versöhnung Heilung bringen können und daß diese Versöhnung eine wesentlich christliche Forderung ist, setzt sich immer mehr durch. Da geraten viele humanistisch geprägte Kollegen und Kolleginnen in Verzug. »Ich habe es satt, immer über meine Kindheitsgeschichten erzählen zu müssen. Ich will endlich einmal meine Beziehung mit Gott klären und mich mit meiner Vergangenheit aussöhnen. Da ist soviel an Schuld und Verletzung aufzuarbeiten; das geht nicht allein mit Reden. Mein Kopf weiß genau, wo es hapert. Ich muß mein Herz, meine Seele reinigen.«

Das waren die Worte einer 52jährigen Mutter und Schriftstellerin am Telefon. Ähnliche Sätze bekomme ich tagtäglich zu hören. Hier liegen enorme Chancen und Aufgaben für den Seelsorger. Ich leide sehr darunter, daß sie so wenig erkannt und genutzt werden.
Neueste Studien in Deutschland haben gezeigt, wo die Defizite in unseren therapeutischen bzw. seelsorglichen Angeboten liegen. Eine Umfrage des Bremer Epidemiologen Gerd Marstedt brachte zutage, daß die meisten Patienten weniger diagnostische Sicherheit oder medikamentöse Hilfe suchen als vielmehr emotionale Zuwendung und das Erkennen der psychischen Hintergründe ihrer Erkrankung. (Quelle: Psychologie heute. Nov. 1998, S. 54)
Weil aber gerade die persönliche und emotionale Zuwendung zu kurz kommt, verschließt sich der Patient und sucht neben der schulmedizinischen Versorgung, die von den Kassen bezahlt wird, alternative Methoden, Helfer, bei denen er unbefangen über seine wahren Defizite und Sehnsüchte sprechen kann.
In meinem Buch »Gott ist anders« habe ich über das Dilemma der »amputierten« Therapie ausführlich geschrieben und die heilsame Notwendigkeit einer Christotherapie dargelegt. Die auch von Fachkollegen erfolgte positive Resonanz auf dieses Buch zeigt die wachsende Einsicht über die Wichtigkeit einer ganzheitlich arbeitenden Leib- und Seelsorge. Besonders freue ich mich darüber, daß das Buch be-

reits in die rumänische, russische und ungarische Sprache übersetzt wurde. Im Vorwort zur russischen Ausgabe weist der Präsident der unabhängigen psychiatrischen Vereinigung Rußlands, Dr. Juri S. Sawjenko, auf die Notwendigkeit einer christlich geprägten Psychotherapie hin.

Es ist durch viele Untersuchungen erwiesen worden, daß der religiöse Glaube, der sich in Gebet und in einem positiven Gottesbild manifestiert, einen signifikanten Beitrag zur Gesundheit leistet. Der Glaube ist also keineswegs nur ein Placebo-Effekt. Unter Medizinsoziologen scheint sich immer mehr die Ansicht durchzusetzen, daß zwischen körperlicher Gesundheit und persönlicher Religiosität ein positiver Zusammenhang besteht. Bei älteren Menschen von schwacher Gesundheit ist der Glaube eine Kraftquelle, die mit längerer Lebensdauer einhergeht. Diese Ergebnisse wurden bei einer zweijährigen Beobachtung von 400 Einwohnern in New Haven gefunden. (Quelle: Bernhard Grom: Gesundheit und Glaubensfaktor. In: Stimmen der Zeit Nr. 6/1998)

Eine Längsschnitt-Untersuchung in North Carolina stellte fest, daß die regelmäßigen Gottesdienstbesucher nur halb so hohe Interleukin-Werte aufwiesen wie die Gottesdienstabstinenzler. In Lourdes weiß man schon seit langem, daß körperlich Kranke nach zehn Monaten zwar keine physische Besserung, wohl aber eine Verringerung von Angst und

Depressivität gegenüber dem Befinden vor der Wallfahrt aufweisen. Es ist also an der Zeit, das rationalistische Denkmuster zu erweitern zugunsten einer Haltung, die von Gelassenheit und Vertrauen geprägt ist. Im übrigen fällt auf, daß Jesus nie gesagt hat: »Ich habe dir geholfen«, sondern »dein Glaube hat dir geholfen!«

Um kein Mißverständnis aufkommen zu lassen: Es geht in der christlich orientierten Therapie nicht darum, Menschen zu missionieren bzw. einer bestimmten Konfession oder Weltanschauung zuzuführen. Es kann auch nicht nur darum gehen, der Bitte eines Klienten um das Gebet nachzukommen, ebensowenig wie es darum gehen kann, vorhandene Schuld wegzupsychologisieren oder umgekehrt, sie dramatisch hochzuspielen. Es geht um die Offenheit des Therapeuten in Fragen der religiösen Lebenskonzeption, um Respektierung und Verbalisierung der religiösen Not seines Klienten.

Das Therapeutische und das Spirituelle sind zwei Wege, die wechselseitige methodische Anleihen möglich machen. Sinnfindung und Selbstverwirklichung ist das Ziel beider. Schon C.G. Jung bemerkte, daß die Seele Schaden erlitten hat, und »darum zwingen die Kranken den Seelenarzt in eine priesterliche Rolle, die ... eigentlich der theologischen Fakultät zufällt. Wir können aber diese Problematik nicht der Theologie überlassen, da wir Tag für Tag herausgefordert werden durch die ganz unmittelbar an uns

herantretende seelische Not der Kranken.« (Psychologie und Religion, Freiburg 1971, S. 138)
Wer heute die wahre Not des Menschen heilen möchte, kommt nicht daran vorbei, den religiösen Aspekt zu thematisieren. Priester und Psychotherapeuten sollten endlich zusammenarbeiten, statt sich zu bekämpfen. Es geht nicht um Konfession, nicht um Kirchlichkeit, sondern um die alles bestimmende Gretchenfrage »Wie hältst du's mit der Religion?«

Manchmal schadet auch eine christliche Therapie

Es ist keineswegs so, daß eine Beratung oder Psychotherapie immer schon deshalb besser ist, weil sie sich christlich nennt. Da gibt es leider auch gegenteilige Erfahrungen. Ein gesetzlich denkendes, fundamentalistisch geprägtes oder biblizistisch handelndes Christentum wäre fatal. Wo immer man dem Hilfesuchenden zu verstehen gibt, seine Krankheit sei eine Strafe Gottes oder er müsse noch mehr beten und opfern, um geheilt zu werden, wäre die Botschaft Jesu völlig falsch verstanden. Wo die Ehrfurcht vor Gott zur Angst pervertiert, wo die Liebe verdient werden muß und wo das Leid als Folge des mangelnden Glaubens gesehen wird, bleibt die erlösende und heilende Liebe Gottes auf der Strecke.

Eine solche Sichtweise kann nicht christlich genannt werden, ist aber leider immer wieder in gewissen Kreisen anzutreffen. Auch kann christliche Therapie nicht darin bestehen, einem Kranken betend die Hände aufzulegen und ihn mit frommen Rat-Schlägen zu traktieren, im übrigen aber eine notwendige ärztliche oder psychologische Behandlung außer acht zu lassen.

Gelegentlich kommen zu uns Personen, die nach dem Kontakt mit engstirnigen Gebetsgruppen und auch mit pseudochristlichen Heilern eine tiefe Verunsicherung, ja große Ängste mitbringen. Da braucht es dann erheblichen Aufwand, um jene Irritation wieder wegzubringen und zu einem befreienden Glauben hinzuführen. Es kann niemals Sinn und Zweck einer wirklich christlich fundierten Therapie sein, einem Patienten zu sagen, er möge doch seine Medikamente weglassen, weil der behandelnde Arzt kein Christ sei oder weil man im Gebet erkannt hat, daß eine Heilung bevorstehe. Mit solchen Geschichten werde ich in meiner privaten Praxis immer wieder konfrontiert. Das regt meinen Adrenalinausstoß ungeheuer an, weil ich darin eine Verunglimpfung der wahren biblischen Aussagen sehe, aber auch die Gefahr erkenne, das Christentum insgesamt mit diesen pathologischen Auswirkungen in Verbindung zu bringen.

Ich warne vor jenen Heilern, die sich christlich geben und vielleicht auch echte Charismen haben, aber ihre Klienten mit frommen, undurchschaubaren Ritualen an sich binden und in eine bestimmte religiöse Nische drücken. Es ist keineswegs christlich, auch nicht biblisch, wenn behauptet wird, die Krankheit sei Folge der Sünde im früheren Erdenleben; und das Gesetz des Karma verlange nun, dieses Leid zu ertragen. So teilte ein esoterischer Therapeut seinem Klienten mit, dieser habe im früheren Leben ein Huhn gestohlen und müsse diese Tat im jetzigen Leben mit der Hühnerfeder-Allergie büßen. Der Gedanke der Reinkarnation ist in christlicher Sicht absolut falsch; er wird auch nicht dadurch christlich, daß sich der betreffende Heiler in seinen Praxisräumen mit frommen Bildchen und brennenden Kerzen vor Marienfiguren umgibt.

Immer da, wo der Glaube einengt, überfordert, Angst macht, stimmt er nicht. Immer da, wo sich der Heiler mit dem Nimbus eines Gurus umgibt, wo er mit Bibelzitaten um sich wirft und die persönliche Freiheit des anderen eingrenzt, fehlt die Seriosität, die ein kompetenter Therapeut haben muß. Der Respekt vor dem Glauben des Heilungsuchenden hat Priorität; lediglich die schädigenden Anteile sollten untersucht werden, sofern sie an der Entstehung der Krankheit beteiligt sind.

Zu viele Christen leben das Christentum falsch

Nicht wenige Therapeuten sind der Ansicht, daß ihre Klienten eine ekklesiogene Neurose haben, d. h. sie sind erkrankt an der Engstirnigkeit und Lebensfeindlichkeit ihrer christlichen Religion, vermittelt von einer bornierten und veralteten Kirche. Das stimmt zum Teil. Die Hilfe besteht demzufolge in der Abkehr von dieser Kirche und von diesem Glauben, so die Ansicht mancher Psychologen. Das aber stimmt nun ganz und gar nicht. Es gibt genügend Beispiele, wo ein derartiges Vorgehen neuerliche Probleme beim Klienten auslöste: Schuldgefühle, Ängste, Desorientierung. Das nenne ich dann iatrogene oder therapeutogene Neurosen (durch den Arzt/Therapeuten verursachte Störungen).

Die Hilfe kann nur darin bestehen, die falsch verstandenen und lebensfeindlich empfundenen Anteile des religiösen Lebenskonzepts zu erkennen und abzulegen, nicht das Kind mit dem Bad auszuschütten. Tatsächlich leben viele Christen ein mißverstandenes Christentum. So werden immer noch, vor allem bei der älteren Generation, die Worte Jesu vom Hinhalten der anderen Wange völlig einseitig als Aufforderung zur Passivität und Wehrlosigkeit gedeutet. Doch nirgends spricht Jesus von einer Unterdrükkung der eigenen Gefühle und Bedürfnisse, von einer knechtischen Haltung, sich im Namen Gottes kaputt machen zu lassen. Eine gute Psychotherapie geht diesen Fehldeutungen auf den Grund und versucht sie zu korrigieren mit dem Ziel, die biblische Bereitschaft zum Lebenswagnis, zur Freude und auch zum Gutsein sich selber gegenüber einzuüben. Hier haben die Pastoraltheologen, die Erzieher und Seelsorger noch einiges aufzuarbeiten. Allerdings beobachte ich seit Jahren einen Ausschlag des Pendels in die andere, extreme Richtung: Viele sprechen völlig unverbindlich über den christlichen Glauben, verwässern seinen Inhalt, biegen ihn nach persönlichem Bedarf zurecht und arbeiten so einer Cocktailreligion in die Hände. In dieser pseudoreligiösen Atmosphäre gedeihen sektiererische, esoterische und sonstige religiös pragmatische Gruppierungen. In meiner Praxis melden sich zunehmend Menschen, die solchen Gruppierungen den Rücken kehren, weil sie dort nicht das gefunden haben, was sie suchten, und nun zurückfinden wollen zu ihrer ursprünglichen geistlichen Heimat. Sie suchen Verbindlichkeit, Vergebung, Vertrauen. Der gesunde Christ ist allen Unkenrufen zum Trotz eben doch ein Mensch dieser drei »V«.

Mir schwebte als Student schon ein therapeutisches Modell vor, das diesen natürlichen Bedürfnissen des Menschen gerecht wird, eine Einrichtung, in der man eine heilende Gemeinschaft erleben, einen tragfähigen Sinn finden und einen liebenden Gott erkennen kann. Mir lag daran, die religiösen Verzerrungen und krankmachenden Mißverständnisse des

christlichen Glaubens aufzudecken und hinzuführen zu einem befreienden, erlösten »Leben in Fülle«, was nicht unbedingt heißt, möglichst viel vom Leben haben zu wollen.
Immer mehr erkannte ich, daß eine Kern-Heilung nur möglich sein kann, wenn der Mensch zur Versöhnung bereit ist. Im partnerschaftlichen Bereich liegen die meisten Verletzungen; es folgen Störungen in den Eltern-Kind-Beziehungen, die über Jahrzehnte hinweg mitgeschleppt werden und alle weiteren sozialen Beziehungen belasten können. Selbstzerstörerisches Verhalten, Unzufriedenheit, negatives Denken und Reden sowie erfolglose Kompensationsversuche, die sich in einem übertriebenen Harmoniebedürfnis, überhöhtem Ehrgeiz und religiösem Leistungsdenken zeigen, finden sich bei jedem zweiten meiner Klienten. Diese Mechanismen müssen aufgedeckt werden; am Ende steht die Vergebung als heilsame Aufgabe. Weil aber weder die Seelsorger, noch die Ärzte oder Psychologen hierüber unterrichtet werden, verwundert es nicht, daß deren Wissen in diesem Bereich nach Abschluß ihrer universitären Ausbildung oft embryonal ist.

Die von Jesus gelebte und geforderte Menschlichkeit macht nicht krank. Wenn also Glaube, Gottesbild oder biblische Spiritualität krank machen, sind sie falsch. Das bedeutet nicht, daß wir von Krankheiten verschont bleiben, wenn wir nach dem Willen Gottes zu leben versuchen. Heiligkeit und Wohlbefinden fallen nicht zusammen. Auch Paulus stöhnte unter seinem nicht näher genannten »Stachel im Fleisch«. Und die Schwiegermutter des Petrus litt an Fieber. Es bedeutet, daß die Ursache unserer Gebrechen niemals in der gelebten Nächstenliebe, in der Vergebung, im freiwilligen Verzicht auf etwas, im Gehorsam gegenüber den göttlichen Geboten liegen kann. Sie liegt im falschen Denken und Leben, in der noch nicht völlig erlösten Schöpfung, in der Verschuldung unserer Vorfahren, im Seinwollen wie Gott. Wir sind nicht aufgerufen, wie Gott zu sein, sondern das zu tun, was Gott getan hat, nämlich Mensch zu werden.

In unserer Heilenden Gemeinschaft, die ich in diesem Buch näher beschreiben möchte, stellen wir regelmäßig fest, wieviel Heilung in nur drei Wochen möglich ist, wenn eben jene Störquelle aufgespürt wird, die zur Krankheit und Krise beitrug. Allzuoft decken sich die angegebenen, vermeintlichen und tatsächlichen Ursachen nicht. Es kommt vor, daß ein Teilnehmer im Anmeldebogen schreibt, er leide seit seiner Scheidung unter psychovegetativen Störungen, die bislang durch keine Kur und Medikamentierung behoben werden konnten. Dann aber kommt heraus, daß sein Problem wesentlich mit Schuldgefühlen zu tun hat, die er von seiner harmoniesüchtigen und bigotten Mutter erworben hat und die immer wieder seine Entscheidungsfreudigkeit

torpedierten. Ging dann etwas schief, somatisierte sich das Schuldgefühl, das er im übrigen durch fromme Leistungen wettzumachen versuchte.
Oder jemand glaubt, Ursache seines Leidens seien widrige Umstände wie Arbeiten im Großbüro, Mobbing, berufliche Zurücksetzungen usw. Er meint, Gott strafe ihn für irgend etwas. So kehrt er gekränkt diesem Gott den Rücken und projiziert seine verletzten Gefühle auf die Kirche und deren irdische Vertreter. Tatsächlich aber straft er sich selber, indem er unbewußt seine eigenen Bemühungen durch Selbstzweifel und Unentschlossenheit zunichte macht. Sein Gefühl, nicht liebenswert zu sein, vereitelte bislang alle positiven Ansätze und führte zu dem sogenannten self-fullfilling prophecy-Denken, das befürchtete Ereignisse prompt heraufbeschwört. In der Heilenden Gemeinschaft wurde ihm diese fatale Denkweise bewußt, und er fand zur Freude aller zurück zu einem positiven Selbst- und Gottesbild.
In der Regel geschieht das Erkennen der wahren Hintergründe allmählich. Die neue Einsicht muß noch geprüft und stabilisiert werden; deshalb raten wir manchem Teilnehmer zu einer therapeutischen Nachsorge. Wichtig ist es, ihm einen christlich orientierten Therapeuten zu nennen; hier gibt es noch erhebliche Versorgungslücken. Mitunter kann es auch geraten sein, den »neuen« Glauben in einer Gebetsgruppe zu stärken; leider aber mache ich die Erfahrung, daß nicht alle Gebetsgruppen zu empfehlen

sind. Wo religiöser Druck, biblische Engstirnigkeit und spirituelle Einseitigkeit den Ton angeben, können alte Wunden wieder aufreißen. Deshalb ist den Leitern von Gebets- und Bibelgruppen unbedingt eine kompetente Schulung anzuraten.

Einmal gekränkt und ewig unversöhnt?

Der Hauptanteil seelischer und körperlicher Erkrankungen ist im Bereich der zwischenmenschlichen Verletzungen zu suchen. Da wurde einer in seiner Kindheit vom Lehrer vor der gesamten Klasse zutiefst gedemütigt; ein anderer mußte angesichts drohender Liebesverluste sich stets brav und angepaßt verhalten; oder er mußte aus erzwungener Rücksicht auf den herzkranken Vater alle seine Ansprüche zurückstellen, wenn er nicht schuldig werden wollte an dessen Tod. Ein anderer durfte nie so sein, wie er sein wollte; er mußte seine Fähigkeiten und Interessen verleugnen, weil die Erzieher oder auch der Ehepartner es anders wollten. Intoleranz, Erpressungen, Drohungen, Schuldzuweisungen, Unterstellungen, Liebesentzug, Demütigungen und alle Arten von Manipulationsversuchen führen zu seelischen Kränkungen und körperlichen Krankheiten, zu sozialer Über- oder Fehlanpassung, die früher oder später den Gang zum Therapeuten nötig machen. Mitunter werden jetzt erst Selbstzerstörungsrituale bewußt (wundkratzen im Schlaf, sich mit dem Messer Schnittwunden zufügen, sich selber schlagen und Schmerzen zufügen) oder es kommen verdrängte Haßgefühle hoch, die wiederum mit Schuldgefühlen und mißlungenen Kompensationsversuchen einhergehen.

Allzu oft gelingt die Versöhnung nicht. Der Schmerz ist zu tief, die Erinnerung daran zu frisch, auch wenn schon 40 Jahre dazwischenliegen. Das Gebot, auch dem ärgsten Feind zu vergeben, macht eher wütend und kann einer Vergebung und Verarbeitung im Weg stehen. Wer von diesen verletzten und oft auch frommen Menschen hat je gehört, daß Versöhnung ein Prozeß ist mit all den Widerständen, die sich auch in einer klassischen Psychotherapie finden lassen? Der Schatten muß erst erkannt und akzeptiert sein; die Wunden müssen erst geleckt werden; der Schmerz muß zuerst laut hinausgeschrien werden.

Gewiß gibt es die narzißtisch Gekränkten, die in ihrer getroffenen Eitelkeit zu keiner Vergebung bereit sind, die vielleicht glauben, Vergebung sei Ausdruck von Schwäche und stelle einen Freibrief dar für neuerliche Attacken. Genau betrachtet, ist Vergebung lediglich das Loslassen der erlittenen Kränkung, während die Versöhnung weiter geht: Sie söhnt sich mit dem Gegner aus. Das erste ist ein Akt des Willens; das zweite ein Akt des Gefühls. Ohne die Vergebung bleibt eine Heilung unvollständig.

Frau B. ist von ihrem Mann mehrfach geschlagen worden; schon ihr Vater neigte zu Handgreiflichkeiten, wenn sie nicht »gehorchte«. Beide Männer sind längst tot; dennoch kann Frau B. die erlittenen Kränkungen nicht hinter sich lassen. In wütender Ohnmacht blickt sie ständig in die Vergangenheit, gleichzeitig schaut sie angstvoll in die Zukunft und verpaßt so die Gegenwart. Sie lebt nicht. Mit Hingabe und großer Fürsorglichkeit widmet sie sich den Kranken und Alten in ihrer Gemeinde. Sobald etwas schief geht oder sobald irgend jemand ihr etwas zum Vorwurf macht, überfällt sie ein heftiges Zittern, und ihre Stimme wird heiser. Das ganze Drama ihrer Kindheit und Ehe baut sich vor ihren Augen auf. In solchen Momenten verschlingt sie Unmengen von Süßigkeiten, was ihrer Figur nicht gut tut. Sie ist korpulent, was sie bei sich nicht ausstehen kann. Und weil man auch ihre Korpulenz ständig kritisierte, fiel sie in einen fatalen Teufelskreis: Ablehnung, Suche nach Zuwendung durch soziale Aufopferung, ersatzweise Naschen, dadurch Gewichtszunahme und neuerliche Ablehnung.
In der Gruppentherapie übernahm Frau B. in einem Rollenspiel auch die Rolle der beiden Männer. Dadurch gelang es ihr erstmals, hinter die Masken ihres Vaters und ihres Ehemannes zu blicken und zu erkennen, daß sie in der Ehe ihre Tochter-Rolle weiterführte.

Im weiteren Verlauf gelang es ihr, sich mit ihrem Vater posthum auszusöhnen (emotionale Ebene), ihrem Mann hingegen »nur« zu verzeihen (rationale Ebene). Der Schmerz war noch lange Zeit zu spüren. Im dritten Teil wurde ihr bewußt, daß sie sich selber auch verzeihen mußte, vor allem ihre Rolle als »Tochter« ihres Mannes. Jetzt erst wurde ihr klar, daß sie am Ehemann verändern wollte, was sie am Vater vergeblich zu ändern versucht hatte. Deshalb heiratete sie unbewußt ihren Vater. Die eigentliche existentielle Schuld liegt im Versäumnis des eigenen Lebens, nämlich in der fehlenden Verweigerung eines zu Unrecht geforderten Gehorsams. Das wiederum lastete sie ausschließlich den Männern an, die sie bedroht hatten. Allmählich gewann sie Abstand von ihrer Vergangenheit.

Wange hinhalten oder sich wehren?

Fast alle Teilnehmer unserer Heilenden Gemeinschaft haben nicht gelernt, sich abzugrenzen und nein zu sagen. Zu groß ist die Angst vor Sympathieverlust, vor dem Wagnis, schuldig werden zu können. Sie haben immer wieder gehört, daß es des Christen Pflicht sei, die Wange hinzuhalten, sich anzupassen und gefällig zu sein. Und so erlernten sie eine religiös verbrämte Überanpassung, die in Wahrheit nichts anderes ist als eine krankmachende Selbstablehnung. Sie macht so selbstlos, daß man bald sein Selbst los ist. Diese biblisch falsch verstandene Selbstverleugnung macht depressiv und führt nicht selten zu einer Anklammerung an wichtige Menschen. Doch ist die Selbstlosigkeit oft weit schlimmer, weil sie verhindert, daß die Kinder an ihren Eltern Kritik üben. Es entsteht Haßliebe, jenes zwiespältige Gefühl, das einerseits den geliebten Menschen, z. B. die Mutter, zur Aufrechterhaltung von Geborgenheit benötigt, andererseits auf der Suche nach Freiheit ablehnt. Die Verselbständigung wird schwer gemacht; so handeln sie selbstlos, um andere nicht zu enttäuschen, und sind am Ende selber enttäuscht. Und da sie mit dieser Form der Hingabe nicht klar kommen; gerät auch ihr Gottesbild ins Wanken. Die Sehnsucht nach Selbstverwirklichung ist sehr groß, kann aber nicht erfüllt werden, solange ein Neinsagen Schuldgefühle nach sich zieht.

Jesus selbst hat keineswegs immer die Wange hingehalten; als er geschlagen wurde, entgegnete er: »Weshalb schlägst du mich? Habe ich Unrecht getan, so beweise mir das!« Es ist Pflicht eines jeden Menschen, sich auf faire Weise zu wehren und keineswegs alles herunterzuschlucken. Jesus selber nimmt dazu Stellung: »Wenn euch jemand Unrecht tut, stellt ihn zur Rede!« (Lk 17,3) Außerdem griff er einmal zum Strick und warf die Tische der Verkäufer im Tempelvorhof um. Oft schleuderte er den heuchlerischen Pharisäern harte Worte ins Gesicht und empfahl eine vernünftige Streitkultur: »Hat sich einer gegen euch versündigt, stellt ihn unter vier Augen zur Rede. Wenn es nichts nutzt, wiederholt das Gespräch mit zwei Zeugen; wenn auch das nichts nutzt, bringt die Sache vor eine größere Gemeinschaft ... « (Matth 18,15–17). Wer sich nie wehrt, wer sich nie abgrenzt und auch mal seine Wünsche durchsetzt, wird am Leben schuldig. Er versäumt, seiner inneren Stimme zu gehorchen und »wegzulaufen«, wie es Jesus zu Beginn seiner Pubertät tat, als er nach drei Tagen von seiner besorgten Mutter im Tempel gefunden wurde, weil er »in dem sein mußte, was seines Vaters ist«, d. h. auf seine Intuition hörte.

Es gibt für alles eine Zeit: für das Schweigen (nichts anderes bedeutet das Hinhalten der Wange) und für das Reden. Wer nie seinen Willen durchsetzen durfte, wer im Namen eines fragwürdigen Gottes stets brav und angepaßt sein mußte, weiß später zwar genau, was er tun soll und muß (Suggestion), nicht aber, was er tun will und kann (Intuition).

In der Heilenden Gemeinschaft üben wir in Rollenspielen jene unsäglichen Dialoge oder besser gesagt, nicht geführten Dialoge, die zur Depression geführt haben. Diese Depressionen sind verdrängte Aggressionen gegen jene, die im Fall von »Dickköpfigkeit« und »Eigensinnigkeit« mit Liebesverlust drohten und zugleich eine erstickende oder lähmende Fürsorglichkeit an den Tag legten, wenn das Kind ge-

horsam war. Doch auf der Welt geschieht mehr Unrecht aus Gehorsam als aus Rebellion.
Es ist immer wieder erschreckend, wie viele Menschen an einer falschen Demutshaltung leiden. Sie haben nie lernen dürfen, sich zu wehren und durchzusetzen. Im Buch Sirach heißt es: »In Demut ehre auch dich selbst, und gib dir das Ansehen, das dir geziemt. Wer sich selbst Unrecht tut, wer wird den für gerecht halten?« (10,28) Und: »Stell den Nachbarn zur Rede, wenn er etwas getan hat ... Es ist besser, zurechtzuweisen als zu grollen ... Bei Streitsüchtigen schweige, denn sie verdrehen das Wort im Mund.« (19,14 + 8,14)
Was sich als Frömmigkeit ausgibt, ist oft nur Rückfall in Kindheitsbindungen; was sich als Selbstlosigkeit darstellt, ist nicht selten geheimer Selbsthaß. Wie kann da ein Mensch noch Gott lieben? Er muß zwangsläufig Ängste und Haß bekommen. Wer aber vor Gott Angst hat, hat ihn noch nicht erfahren.
Die meisten Patienten müssen im fortgeschrittenen Alter Dinge lernen, die sie nie lernen durften: streiten, nein sagen, eigene Pläne verwirklichen. Wenn sie es taten, dann nur mit Schuldgefühlen. Doch Gefühle können lügen. Der gesunde Christ weiß, wann er den Gehorsam verweigern muß; und der seelisch stabile Christ kann die Gekränktheit, die dann der andere demonstriert, aushalten. Er ist nicht auf die Zuwendung und Sympathie aller angewiesen; das befreit ihn von jener Haltung, die im Namen der

christlichen Religion am meisten mißbraucht wird: die Gefälligkeit.
Das Hinhalten der Wange hat dann Sinn, wenn es die Klugheit oder Demut gebietet. Alle anderen Motive wie etwa Angst vor Sympathieverlust, masochistische Leidensbereitschaft oder strategisches Manöver, haben keine biblische Berechtigung.
Eine besonders schlimme und versteckte Form von Kindesmißbrauch liegt dann vor, wenn eine Mutter ihren Sohn zum Partnerersatz macht. Solche Kinder sind nicht in der Lage, die auferlegte Rolle rechtzeitig zu durchschauen, geschweige denn zu spielen. Sie müssen die emotionalen Bedürfnisse ihrer Mutter befriedigen, wobei die eigenen auf der Strecke bleiben. Allmählich stellt sich ein tiefer Haß ein, der aber nicht eingestanden und gezeigt werden darf, weil sonst die mütterliche Zuwendung ausbleibt und weil Haß auf die eigene Mutter als sehr sündhaft erlebt wird. In diesem Teufelskreis bewegt sich nun der Mensch. Um sich zu befreien, muß er sich des falschen Gottesbildes, ja der gesamten doppelten Moral entledigen, was allzuoft mißlingt. Es kommt zu selbstzerstörerischen Handlungen, im schlimmsten Fall zum Suizid.
Eine Frau litt so unsagbar unter ihrer dominanten und allgegenwärtigen Mutter, daß sie ständig umfiel und für einige Sekunden wie gelähmt am Boden lag. Sie konnte dieser Mutter gegenüber nicht standhalten. Jedesmal, wenn dieser Konflikt auch nur ver-

schlüsselt angesprochen wurde (z. B. durch die Anwesenheit einer dominanten Frau, oder wenn im Rollenspiel eine Teilnehmerin die Aufgabe einer Gruppenleiterin übernahm), verließen sie ihre Kräfte, und sie fiel zu Boden. Erst wiederholtes Aussprechen ihrer Ohnmacht und ein gewaltiger Ringkampf mit einer Person, in der sie ihre Mutter sah, brachten Erleichterung.

Am Ende der dreiwöchigen Therapie machen alle die heilsame Erfahrung, daß es gut tut und notwendig ist, sich endlich einmal zu wehren und eigene Lebenskonzepte zu entwickeln. Viele haben während dieser Zeit ihre Gefühle und Wünsche niedergeschrieben; einige haben diesen Brief an ihre Eltern, Partner oder Kinder geschickt. Der Knoten, der bei manchen im Hals sitzt, beginnt sich zu lösen. Das Gottesbild nimmt versöhnliche Formen an; die bislang mißverstandenen und angstbesetzten Forderungen Jesu verlieren ihren Schrecken. Die Patienten fangen an zu leben.

Fünf Gründe, weshalb wir uns verletzen

Ich fordere in der Gruppentherapie die Teilnehmer wiederholt dazu auf, ihre unausgesprochenen Verletzungen und Kränkungen im gespielten Dialog oder Ringkampf auszusprechen. Das fällt manchem sehr schwer, weil sich dann sofort Schuldgefühle einstellen. Man darf ja als Christ keinen Zorn haben, man hat zu funktionieren, man tut das nicht. Dieses schreckliche Damoklesschwert des »Was denken denn die Leute?« schwebt über ihren Häuptern.

Sobald sich aber die erste Person mutig in die Arena stellt und das »Spiel« spielt, erfahren alle den bitteren Ernst; was sich hier abspielt, spiegelt ihr Leben wider. Und erst das Aussprechen der Probleme, der bitteren Gefühle und frustrierten Bedürfnisse ermöglicht eine Veränderung. Wer immer weiß, wie sein Rumpelstilzchen heißt, bekommt Verfügungsgewalt darüber. Denn was nicht ausgesprochen wird, kann nicht geheilt werden.

Immer wieder sind wir überrascht, welche Erkenntnisse freigesetzt werden. Da schreit und weint ein Teilnehmer, weil sein Vater ihn jahrelang unterdrückt hat. Er ringt mit sich selbst, mit dem Vater, mit Gott, der es zugelassen hat. Er spielt beide Rollen: seine eigene und die seines Vaters, wobei er die Stühle wechselt. Da plötzlich wird sein Ton weicher. Er spricht auf den imaginären Vater ein und deutet dessen autoritäres Verhalten. »Ich kann dich verstehen, Vater. Du bist selbst verletzt worden in deiner Kindheit. Du hast nie Liebe erfahren. Dein ganzes Gehabe war nichts als ein Schrei nach Verständnis. Du hast deine Angst und Unsicherheit hinter einem lautstarken Auftreten versteckt. Du tust mir leid.«

Dann Stille. Einige Teilnehmer weinen. Sie erkennen

ihre eigene Situation. Jetzt wollen sie alle mit ihren Vätern und Müttern sprechen. Und neue Erkenntnisse tun sich auf. Plötzlich ahnen sie, weshalb sich liebende Menschen weh tun.

1. Nur Verletzte verletzen

Ein versöhnter Mensch tut keinem weh. Nur Gekränkte, die nicht verziehen haben, laufen Gefahr, ihre unvergebenen Kränkungen an ihre Mitmenschen weiterzugeben. Indem sie andere verletzen und attackieren, verleumden und schädigen, wollen sie sich von den eigenen Verwundungen frei machen. Am Ende aber fühlen sie nicht nur die eigenen Kränkungen, sondern zusätzlich noch die Wunden, die sie anderen zugefügt haben. Denn jeder Segen oder Fluch fällt auf den zurück, der ihn ausspricht. Grantige Menschen, Miesmacher und Spielverderber, stets nörgelnde Zeitgenossen sind zutiefst verletzte Menschen. Mitunter manifestiert sich verdrängte Aggression im Zynismus und Sarkasmus, hinter ironischen Bemerkungen und spitzen Kommentaren. Auch stetes Mißtrauen sowie negative Unterstellungen können Hinweise auf verborgene, frühe Verletzungen sein.
Hier muß die Vergebung eingeübt werden.

2. Hilflosigkeit kann aggressiv machen

»Mein Mann wird immer gleich aggressiv, wenn er mich weinen sieht. Er kann auch nicht in Ruhe auf die Kinder eingehen, wenn die einmal etwas angestellt haben. Dabei kann mein Mann auch sehr lieb sein.« Es liegt auf der Hand, daß Hilflosigkeit und Angst bei manchen Menschen Aggressionen auslösen. Vor allem akzeptieren sie die eigene Ohnmacht nicht. Sie ähneln dem Raubtier, das im engen Käfig hin und her geht, unfähig, irgend etwas zu tun oder Einfluß zu üben. »Jetzt heul nicht schon wieder!« tönt es aus ihrem Mund, weil sie sich die eigenen Tränen nicht gestatten können. Hier muß die Selbstannahme eingeübt werden.

3. Streß und Überforderung machen gereizt

Werden alle Energien für eine bestimmte Aufgabe verbraucht, bleibt nichts mehr übrig für anstehende Konfliktlösungen. Dann kann ein einziger Tropfen das Faß zum Überlaufen bringen. Natürlich ist es nie so gemeint, wie es dann gesagt wird. Und selbstverständlich tut es einem dann leid. Doch die verletzende Bemerkung ist geschehen.
Hier ist Dosierung der Arbeitskraft und Schaffung von Zeitreserven angesagt.

4. Krankheiten können den Menschen verändern

Wer schon einmal den Candida albicans hatte, weiß um die schmerzlichen Folgen an Leib, Seele und Charakter. Auch Schilddrüsenerkrankungen und gewisse Formen von Diabetes können den Menschen grantig werden lassen. Chronische Schmerzen sind bekannte Urheber aggressiven Verhaltens. Wenn ich um diese Dinge weiß, kann ich die Attacken relativieren und muß sie nicht persönlich nehmen. Auch der inzwischen seliggesprochene Pater Pio zeigte mitunter ein grantiges Verhalten, wenn ihn seine Wundmale besonders schmerzten.

5. Selbstablehnung führt zur Ablehnung anderer

Es ist bekannt, daß fehlende Selbstliebe auch andere nicht gelten lassen kann. Jesus wies auf diesen Zusammenhang hin: »Du sollst deinen Nächsten lieben wie dich selbst!« Wer immer mit sich nicht im reinen ist, wer sich nicht mag, schielt dauernd auf andere, vergleicht sich mit ihnen und macht jene schlecht, die er für besser und erfolgreicher hält. Hier können sich Neid und Mißgunst einnisten. Nichts ist für sie schlimmer als verschmähte Liebe. Diese Enttäuschung kann sie zu unberechenbaren Tätern machen. Sehr rasch sind sie beleidigt und lange nachtragend. In ihrer narzißtischen Kränkung entziehen sie sich jeder sachlichen Auseinandersetzung. Und eine einzige Kritik vermag hundert vorangegangene Komplimente zunichte zu machen. Darüber habe ich Näheres in meinem Buch »Höre, was ich nicht sage« geschrieben.

Die Folgen der Verletzungen

Je nach Erziehung und Persönlichkeit fallen die körperlichen und seelischen Reaktionen auf erlittene Demütigung verschieden aus. Wesentlich sind auch Milieu und Alter, in dem die Verletzung zugefügt wurde. Eine gravierende Schädigung liegt meist nach frühkindlichem und wiederholtem sexuellem Mißbrauch vor. Hier wird die gesamte Persönlichkeit geschädigt. Eine überfürsorgliche oder autoritäre Erziehung kann dieselben Folgen hervorrufen wie wiederholte Androhungen von Liebesentzug im Fall des verweigerten Gehorsams.

Die tiefsten Verletzungen stammen aus der Kindheit und sind mit unseren Eltern verbunden. Doch wäre es fatal, von den Eltern eine Änderung zu erwarten; wir müssen uns ändern. Der größte Schmerz liegt nicht einmal in der Verletzung selber, sondern in der Blockade der Liebe zu jenen, die uns wehgetan haben. Wenn die Vergebung ausbleibt, werden die Fehler, die die Eltern begangen haben, von den verletzten Kindern wiederholt. Da kann einer noch so sehr schwören, seine Kinder ganz anders erziehen zu

wollen. Das Anschauen der Wunden, das Loslassen und Abgeben des Schmerzes ist Voraussetzung für die Bewältigung. Wir übertragen sonst die Probleme, die wir mit unseren Eltern hatten, auf alle Menschen. Oft bleiben Reste dieses Schmerzes bestehen; sie sind »tiefgekühlt« in einer unerklärlichen Gefühlsleere und zeigen sich in gewissen Widerständen anderen Menschen und auch Gott gegenüber. In der Stille kommen sie hoch, weshalb die Stille gemieden wird. Deshalb ist Therapie immer auch schmerzlich, da das Aushalten der Stille jene verdrängten Impulse wachrufen kann. Der Mensch muß noch einmal die Vergangenheit durchleiden, um sie dann endlich abzugeben.
Die Reaktionen auf frühe Enttäuschungen ist unterschiedlich. Der eine löst sich von seinen Peinigern und findet neue Bezugspersonen. Der andere erstarrt in der Abhängigkeit von seinen Peinigern, wird aggressiv, depressiv oder einfach sprachlos. Und wieder ein anderer stürzt verzweifelt in Abhängigkeiten von Vergnügungen, immer auf der Suche nach dem Kick. Seine irrationalen Leidenschaften können dann ein solches Ausmaß annehmen, daß er einen Punkt erreicht, an dem für ihn keine Umkehr und Reue mehr möglich ist.
Im folgenden gehe ich auf die typischen Folgen unverarbeiteter Verletzungen ein.

Sie sind die häufigsten, oft unerkannten Störungen im Leben eines Menschen; ihnen liegt die Unfähigkeit zu trauern und zu zürnen zugrunde. Vor allem gewissenhafte und angepaßte Menschen mit ausgeprägtem Sicherheitsbedürfnis sind in Gefahr, depressiv zu werden. Natürlich kann die Vererbung eine Rolle spielen, können hormonelle Ursachen vorliegen. Doch der häufigste Auslöser bleibt der Dauerstreß sowie die gelernte Hilflosigkeit im Umgang mit Gefühlen und Bedürfnissen.
Hilfe kann gegeben werden. Dabei ist nicht die Methode so wichtig, vielmehr die Persönlichkeit des Therapeuten. Heute orientiert man sich am Patienten und dessen Problemen und arbeitet mit mehreren Verfahren gleichzeitig. Auch unser achtköpfiges Therapeutenteam sucht die individuell besten Methoden, wobei das Vertrauen zum Therapeuten von entscheidender Bedeutung ist. Die Patienten kommen zu uns, weil sie wissen, daß wir ihren Glauben ernst nehmen, ihre persönlichen Verfehlungen und Sünden nicht wegpsychologisieren, sondern bewußtmachen, hinterfragen und schließlich gemeinsam vor Gott bringen.
Manche unserer Patienten waren vor Antritt der Therapie in der Heilenden Gemeinschaft bei verschiedenen Gurus und Reikimeistern, bei Geistheilern und Reinkarnationslehrern. Doch diese esote-

risch-magischen Methoden führten sie noch tiefer ins Unheil. Sie spürten, daß weder karmisches Abtragen von Leid noch Selbsterlösungsmethoden zur Gesundung führten. Die Undurchschaubarkeit vieler Methoden und ihrer Vertreter ist kein Zeichen von Seriosität. Andere waren bei Therapeuten, die selber durch Vertreter der Kirche verletzt waren und dies spüren ließen, indem sie hie und da abfällige Bemerkungen über die Kirche machten und dann den Klienten in seiner kirchlich eingebundenen Religiosität verletzten.

Wer elementare Gefühle und Bedürfnisse unterdrückt oder gar in einer falschen asketischen Frömmigkeit wegbetet, erkrankt. Eine Impression ohne Expression führt zur Depression. Übersetzt: Ein emotionaler Eindruck, der nicht ausgedrückt wird, bleibt unterdrückt. Stellt jemand sich dauernd in den Schatten, so wird der andere, der Partner oder Kollege, zum Tyrann. Der Depressive glaubt schließlich, seine Unterdrückung sei christliche Entsagung, während der Tyrann meint, seine Herrschsucht sei Selbstentfaltung.

Tatsächlich aber heißt sich selbst verleugnen keineswegs sich zwingen, eine angepaßte, untergeordnete Rolle zu spielen, um vielleicht Streit zu vermeiden. Harmoniesucht ist keine christliche Tugend. Jeder ist verpflichtet, das zu werden, was seinen Anlagen entspricht, also ein Original zu sein, nicht eine Kopie. Und diese Menschwerdung ist immer auch mit

Konflikten, mit Auseinandersetzungen und Kampf verbunden.
Ich stelle fest, daß auffallend viele Christen ein falsches Verständnis von Leben haben, daß sie nicht wissen, was Selbstliebe und was Egoismus ist.
Wir legen Wert darauf, daß trauernde Menschen weinen können. Solange sie die Tränen zurückhalten, bleibt die Reinigung aus. Manchmal helfen wir mit einer Massage- und Atemtechnik etwas nach. Es kommt immer wieder vor, daß einer während der gesamten Therapiezeit seine Tränen zurückhält, um dann im Erlebnis einer letzten Körpermassage alles herauszuschreien, was sich in den letzten Jahrzehnten angesammelt hat. In der zittrigen, weinerlichen Stimme, im starken Schwitzen oder im häufigen Wasserlassen verbirgt sich mitunter der Drang, den verbotenen Tränen ein Ventil zu gewähren.
Die sozial geschätzte Maske einer Dauerheiterkeit, die manche tragen, kann nicht über das Ausmaß angestauter Verletzungen hinwegtäuschen. Sehr rasch werden die Gesellschaftsclowns und penetranten Stimmungsmacher von den anderen Gästen durchschaut und gerupft. Welche Rolle auch immer einer spielt, der stets Coole und Lässige, die immer aufopferungsbereite Übermutter, der Distanzierte in der Maske des Co-Therapeuten oder die harmoniesüchtige Friedensstifterin, sie werden im Lauf der Zeit mit ihrer Rolle konfrontiert und im wahren Sinn des Wortes *heraus*-gefordert.

Wut und Haß

Wer seine Schwächen nicht annehmen kann, wer nicht trauern kann, wird hassen. Gerade die Deutschen tun sich schwer im Umgang mit Schuld, Scham und Schwächen. Das ergaben die bekannten Studien der Psychoanalytiker Alexander Mitscherlich und Horst-Eberhard Richter. Doch nur das Trauern öffnet den Weg zur Versöhnung. Hassende und Wütende reagieren sich am Schwächeren ab, um ihr eigenes lädiertes Selbstwertgefühl zu stabilisieren. Bleibt die Wut, auch die berechtigte, stecken, wird sie also gar nicht artikuliert, kommt es zu Selbstzerstörungen. Was einem unter die Haut geht, aber nicht verbal ausgedrückt wird, drückt der Körper aus. Dann schlägt die Haut aus. Oder der Blutdruck kocht; oder der Magen reagiert sauer. In jedem Fall wird der Körper mitgeschädigt. Es kann nicht darum gehen, die Wut zu unterdrücken. Sonst beherrscht sie den Menschen. Es geht auch nicht darum, sie ungezielt und destruktiv auszutoben. Sie muß als ein Teil meiner Person angeschaut werden. Jede Aggression liefert konstruktive Energie, sobald ich sie akzeptiere und den Aggressor ebenfalls als verletzten Mitmenschen, als Opfer, begreife.

Unsere Patienten werden angehalten, ihre Wut zu verbalisieren. Dabei können sie entweder mit einem ausgesuchten, stellvertretenden Aggressor kämpfen oder sie schlagen mit aller Kraft auf ein Kissen. Wer keine Worte findet oder verschlüsselt spricht, wird von mir paraphrasiert, d. h. ich setze mich hinter ihn und spreche all das unverschlüsselt aus, was er nur zwischen den Zeilen (= para Phrasen) angedeutet hat. So erfährt er in aller Deutlichkeit seine wirklichen Gefühle und Gedanken und kann sich mit ihnen auseinander- und dann zusammensetzen.

Es muß einmal gesagt werden, daß so peinliche Gefühle wie Wut, Haß, Schuld, Zorn, Angst, Eifersucht, Neid u. a. nicht schon sündhaft sind. Erst wenn diese Empfindungen zu destruktiven Handlungen führen, sollte von Schuld gesprochen werden. Sie zu haben, ist noch nicht Sünde. Hier irren viele Seelsorger, wenn sie meinen, ein negatives Gefühl sei bereits sündhaft. Auch ist der Satz Jesu: »Wer eine Frau in Gedanken lüstern anschaut, bricht die Ehe«, nicht so zu verallgemeinern, daß jedweder *spontane* Gedanke eines Fremdgehens oder Tötens oder Stehlens der Sünde gleichkommt. Ich muß aufschießende Phantasien und »Wie wäre es, wenn«-Gedankenblitze als Teil meiner erlösungsbedürftigen Person betrachten, sie registrieren und dann zur Tagesordnung übergehen, nicht dabei stehenbleiben und sie womöglich noch weiterphantasieren. Denn sonst gelange ich in die nächste Ebene, nämlich in die konkrete Planung. Schließlich folgt die Tat. Der spontane Gedanke allein sollte nicht zur Beleidigung Gottes hochgespielt werden.

Haß ist jedoch sehr gefährlich, weil dieses Gefühl neben der Eifersucht sehr beherrschend sein kann. Deshalb muß er frühzeitig erkannt und analysiert werden: Wieso hege ich Haß gegen diese Person? Hilft der Haß, meine Verletzungen zu heilen? Mache ich mich nicht selber damit kaputt? Sollte ich nicht nach dem Rezept Jesu meine Feinde lieben und denen Gutes tun, die mir Böses taten?
Es kommt manchmal vor, daß wir in einem sehr religiösen Patienten Haßgefühle entdecken, die er selber nie wahrnehmen wollte und die er unbewußt in einem frommen Leistungsverhalten zu kompensieren versuchte. Die Erkenntnis kann bitter sein. Wer Haß gegen seinen Willen verspürt, steht im Kampf gegen eine Neigung, die er nicht gänzlich beherrschen kann. Er braucht Hilfe. Dazu muß er zuerst seine Empfindungen annehmen, vielleicht auch im Rollenspiel darstellen und begründen. Dann wird ihm geraten, in die Rolle des Täters zu schlüpfen, um dessen Motive und Eigenarten zu erspüren. Irgendwann folgt dann das Angebot, sich und dem Täter zu vergeben. Es kommt vor, daß die Betreffenden den Wunsch nach einer Beichte äußern. Das ist möglich, allerdings bei einem Priester, der nicht zugleich ihr Therapeut ist. Manchmal erleben wir diesen Menschen als endgültig befreit. Die Therapien haben den Weg bereitet; das Sakrament der Versöhnung hat die Heilung vollzogen.

Jeder verteidigt seine Masken, seine Schätze, seine Fehler. Er tritt stark auf, um nicht schwach zu erscheinen. Dabei versteckt er seine Angst hinter mutigen Reaktionen. Das ist völlig normal, solange die Mechanismen der Angstabwehr nicht seine ganzen Energien aufbrauchen und zu psychosomatischen Erkrankungen führen. Wer als Kind ständig gedemütigt und manipuliert wurde, entwickelt verschiedene Ängste, die er kaum in den Griff bekommt. Verhärtung oder Verweichlichung, Egoismus oder Klammern an andere, freches, aggressives Auftreten, narzißtische, gelegentlich auch frömmlerische Selbstgerechtigkeit, Angeberei, Flucht in Lärm und Geschäftigkeit, Zerfahrenheit, Unnahbarkeit, verlegenes Lachen, wegwischende Gesten, Abbrechen begonnener Tätigkeiten, alles dies sind Versuche einer Angstabwehr.

Aus Angst, kein Gehör zu finden, sprechen manche Leute sehr laut und wiederholen sich. Andere übertreiben ihre Argumente derart, daß man sie nicht ernst nimmt, was wiederum ihre Angst vor Ablehnung verstärkt. Manche müssen erst so richtig eine Szene machen und stark auftreten, damit sie angehört werden. Und wenn sie dann gehört werden, fördert dies die Kunst der Inszenierung. Andererseits schämen sie sich dafür, was ihr Minderwertigkeitsgefühl wiederum steigert. Was immer sie machen, ist falsch.

Alles, was sie tun, tun sie zweifelnd. Und weil sie kaum noch ihrer Intuition gehorchen, sondern ihrem Kopf, der ja alles berechnen will, begehen sie eine Torheit nach der anderen. Und dies nährt wiederum ihre Unsicherheit und ihre Wut auf jene, die ihnen nicht die Möglichkeit gaben, sich auf die Intuition einzulassen. Wo das Lernen durch Versuch und Irrtum nicht gestattet war, entsteht Angst.
Wer sich nie angenommen fühlte, wird an sich zweifeln und selbst ehrliche Annäherungsversuche anderer mißtrauisch betrachten. Er wird sich zurückziehen und nach dem schlagen, was er ersehnt. Doch nicht er selber handelt so, sondern seine Angst in ihm. Nur derjenige, der im Mitmenschen diese Angst erkennt und ernst nimmt, vermag zu helfen. Allein der liebende Blick und die behutsame Annäherung an die Person hinter der Maske kann befreien. Die Erfahrung des einzelnen Patienten, daß er mit seinen Ängsten nicht allein ist, ja daß die anderen ähnliche Ängste haben, befreit ihn von dem Zwang, sich verbergen zu müssen.
Viele Ehen leiden unter einem Mangel an Offenheit, unter einer falschen Scheu vor Gefühlen und unter der Angst, seine wahren Bedürfnisse zu offenbaren. Zu oft wurde jene Offenheit in der Kindheit und Jugend lächerlich gemacht. Und die, die sie lächerlich machten, taten dies aus Angst vor den eigenen Empfindungen.
Es ist immer dasselbe Muster: In der Ehe agiert die

eine Person vielleicht regressiv und schweigend, weil die andere zu dominant ist und dauernd redet. Und gerade weil sie dauernd schweigt und passiv ist, fühlt sich die andere Person aufgerufen, dominant zu sein.

Ein jeder belehrt den anderen da, wo er sich selber stark fühlt, und verletzt den anderen. Zeigt sich die Frau ängstlich, mimt der Mann den Unerschrockenen: je mehr er seine Sorgen verbirgt, desto furchtsamer wird sie. Spricht sie dauernd von ihrem Glauben, halten sich die Kinder zurück; und da sich die Kinder zurückhalten, fühlt sie sich verpflichtet, immer wieder vom Glauben zu reden.

Ängste können lügen, vor allem die neurotischen, lebenseinengenden Angstphantasien. Sie gaukeln etwas vor, was so nicht eintreten wird. Ausgangspunkt ist irgendein Erlebnis, das sich festgebissen hat und nun alles in diesem trüben Licht erscheinen läßt. So schließt ein Mann alles mehrfach zu und versteckt seine kleinen Schätze, weil er vor 30 Jahren bestohlen wurde. Ein anderer verbirgt seine Talente, weil er der Meinung ist, sich irgendwann einmal einer Blamage ausgesetzt zu haben. Ein junger Mann wehrt sich nicht mehr, weil er einmal in einem Anfall von Zorn handgreiflich und straffällig wurde. Aus Angst, der Zorn könne ihn übermannen, zieht er sich zurück und frißt alles in sich hinein. Daß er infolge dieser Unterdrückung als ruhiger und besonnener Mann gilt, kommt ihm sehr gelegen.

Doch lebt er nicht; er wird gebremst von jenem Ereignis, das er sich nicht anzuschauen getraut. Ungelebtes Leben oder erzwungener Verzicht führt auf Dauer zur Destruktivität.
In der Gruppentherapie konfrontiere ich die Teilnehmer mit ihren Ängsten. Zunächst übertragen manche ihre Gefühle auf mich, sehen in mir den Täter. Einige flüchten in sogenannte Übersprungshandlungen, das sind Ablenkungen und Fluchtmechanismen. Die Therapeuten berauben sie jeder Möglichkeit, sich festzuhalten, etwa am Kugelschreiber, der krampfhaft an ihren Fingern klebt, oder am Taschentuch, das sie winden und drehen, oder an der Brille, die sie ständig auf- und abnehmen. Sie dürfen sich einen menschlichen Ersatz suchen, einen Gesprächspartner, mit dem sie sich über ihre Ängste austauschen. Und wieder erfahren sie ein Stück Heilung in der Erkenntnis, daß die befürchtete Ablehnung ausbleibt.

Schuldgefühle

Das ist ein Endlos-Kapitel. Es ist erschreckend zu erfahren, wie viele Menschen unter funktionalen, unechten Schuldgefühlen leiden, die ihnen oft auch im Deckmantel der Religion einsuggeriert wurden. Sie wurden für Fehler, die sie nicht begangen haben, schuldig gemacht oder bestraft, um sie so künftig pflegeleicht zu machen. Sie sollten im Sinn der Erzieher funktionieren (deshalb funktionale Schuldgefühle). Diese Menschen fühlen sich schuldig, ohne es zu sein. Das Dilemma liegt darin, daß sie kaum noch zwischen der echten und der eingebildeten Schuld unterscheiden können.

Bei einigen Patienten erleben wir als Folge starker Schuldgefühle ein masochistisches Strafbedürfnis. Andere versuchen durch fromme Opferleistungen ihren zornigen Gott zu besänftigen, wenn sie sich nicht inzwischen von diesem schrecklichen Gott abgewandt haben. Eigenartigerweise aber führen derartige Schuldkomplexe zu weiteren Abhängigkeiten; es scheint kein Weg herauszuführen. Da helfen weder Gebete noch Beichten. Es ist wie mit dem Blutfleck der Lady Macbeth; sie mag noch soviel herumwischen und putzen, er kommt immer wieder.

Diese geplagten Menschen können ihr Leben nicht wagen. Sie durften es nie ausprobieren. Natürlich haben sie eine große Wut auf ihre Erzieher. Aber sie darf nicht gezeigt werden, weil dies neuerliche Schuld zur Folge hätte. So schließt sich der Teufelskreis.

Wir hatten eine junge Ordensfrau unter den Gästen der Heilenden Gemeinschaft. Als sie kam, war sie gehemmt, sprach leise und farblos: sie war völlig blockiert. Ihr Habit hüllte sie ein, ähnlich einem Gefängnis, das zugleich Schutz gab. Sehr bald erkannten wir eine ungeheure Energie in ihr, blockiert infolge familiärer Erziehung. Uns war klar, daß sie erst einmal die angestaute Wut, die sich auf ihre Mutter bezog, herauslassen mußte. Zu allen Übungen erschien sie im vollen Habit, was bei der Gymnastik hinderlich war. In der zweiten Woche plötzlich brach es aus ihr heraus: Sie riß ihren Schleier fort, ergriff eine Teilnehmerin, die die Rolle ihrer Mutter übernahm, und schob sie mit Vehemenz aus dem Raum. Draußen vor der Tür ließ sie sie stehen und rief ihr nach: »Mutter, hör auf, mein Leben zu bestimmen! Ab jetzt verfüge ich selber darüber. Nicht du, sondern ich entscheide über das, was zu tun ist. Und mach mir keine Schuldgefühle mehr! Das funktioniert ab heute nicht mehr.« Es war eine sehr ergreifende Szene, die uns ans Herz ging. Und der Gedanke, daß sie als Konsequenz daraus dem Ordensleben adieu sagen könnte, lag nahe. Doch es kam anders. Von diesem Tag an war sie eine ganz andere Frau: ihre Stimme nahm Konturen an, ihr Wesen war heiter und befreit. Ihr verdeckter Humor kam zum Vorschein; ihre vielen Gaben wurden jetzt deutlich. Sie trug ihr Ordenskleid unbefangen und gerne. Sie war unumstritten diejenige, die den größten Schritt nach vorne getan hat; eine solche Befreiung in so kurzer Zeit kommt selten vor. Und auch ihre Klostergemeinschaft spürte den neuen Geist.

Das Thema »Schuld« ist therapeutisch nicht aufzufangen, wenn nicht auch von der Gnade und Barmherzigkeit Gottes gesprochen wird. Diejenigen, die an die Reinkarnation glauben, kennen die Erfahrung der Gnade nicht. Manchmal hört man sie befreiend aufatmen, wenn sie zum ersten Mal in ihrem Leben von der Großzügigkeit Gottes hören. Fast alle leiden an einem falschen Gottesbild, dem sie mit Angst und Wut begegnen. Viele haben während der letzten Jahre den Gang zur Beichte gemieden, weil er entweder frustrierend war (angesichts der Tatsache, daß sich ja sowieso nichts ändert) oder angstbesetzt (angesichts der drohenden moralischen Verurteilung). Dadurch aber verstärkten sich die Schuldgefühle, die nun einhergingen mit dem Bewußtsein, gänzlich versagt und das Leben nicht verdient zu haben. Hier bringen wir heilende biblische Geschichten ein, die im Bibliodrama zum Ausdruck des eigenen Lebens werden. Oder die Patienten schlüpfen in die Rolle Jesu und erfühlen so die befreiende Wirkung einer Vergebung, die sie ihrem Spiegelbild (einer gewählten Person aus der Gruppe) gegenüber aussprechen.

Ohnmacht

Wer seelisch verletzt wird, wehrt sich im Normalfall. Wer sehr oft gedemütigt und attackiert wird, kann rebellisch werden und sich zu einem Michael Kohlhaas entwickeln. Wer einem Dauerfrust ausgesetzt wird, also über Jahre immer wieder Verletzungen erleidet, fällt in eine Hilflosigkeit, die einer Ohnmacht gleichkommt. Er will nicht mehr, er kann nicht mehr. Er resigniert, weil ja doch alles zwecklos ist. »Ich sage überhaupt nichts mehr; es ist sowieso sinnlos«, bekommen wir regelmäßig zu hören.

Wer sich kränkenden Situationen nicht entziehen kann, lernt ein Verhalten, das man auch »gelernte Hilflosigkeit« nennt. Nicht die Kränkungen sind es, die ihn in die Ohnmacht führen, sondern die Einschätzung und Bewertung seiner Lage. Der gesunde Mensch wehrt sich; wenn das nichts nutzt, entzieht er sich seinen Peinigern und geht. Wer eine Lage als unveränderbar bezeichnet und nicht gelernt hat, sich selber aktiv darüber hinwegzusetzen, ist versucht, die Ursachen seines Problems bei sich selber zu sehen. Man weiß längst, daß Patienten, die gegen ihre Krebserkrankung ankämpfen, länger leben als jene, die resignieren. Das Gefühl der Ohnmacht beeinträchtigt die Abwehrmechanismen von Seele und Körper.

Wer lange genug zu hören bekam, daß er manches nicht kann und zu dumm ist, reagiert auf Niederlagen hilflos. Erst wenn er anders darüber denkt, findet er einen Ausweg aus der Sackgasse. In der Therapie ist also die Korrektur dieses falschen Denkmusters vorrangig; hier hat die kognitive Therapie ihren Platz, verbunden mit praktischen Übungen.

Ohnmacht entspringt stets aus einem inneren Konflikt, den man nicht zu lösen wagt, weil man keinen Ausweg sieht. Man trifft diese Ohnmacht häufig bei Menschen, die von ihren Eltern beherrscht wurden.

Damit geht oft auch eine Unentschlossenheit einher, die sie ziellos hin und her wirft. Solche Patienten erwarten vom Therapeuten eine vorgegebene Lösung, einen Ratschlag oder eine Diagnose, die sie ihrer Verantwortung enthebt. Wenn hier der Therapeut einen Vaterkomplex hat, bleibt der Patient weiterhin in seiner Unmündigkeit und Hilflosigkeit.

Immer wieder beeindruckt in diesem Zusammenhang eine Übung, die wir »Mauern« nennen.

Fünf Personen stellen sich in einem Kreis auf, haken sich ein und bilden so einen festen Wall. Die hilflose Person steht mittendrin und ist gefangen. Sie hat die Aufgabe, auszubrechen. Mit allen ihr verfügbaren Mitteln: Gewalt, List, Überredungskunst, Charme, Diplomatie ... Was wird sie tun? Kommt sie raus? Tatsächlich erreichen die meisten ihr Ziel. Die Mittel und Methoden sind sehr unterschiedlich. Es fällt auf, daß viele »Gefangene« ausschließlich auf der Mitleidwelle reiten: sie bitten und betteln, weinen und flehen, bis die Gruppe sie befreit. Und genau das ist die Verhaltensweise, die sie auch in ihrem Alltag einsetzen, jedoch oft erfolglos, da das Wecken von Mitleid in einer Kultur, die den Männlichkeitswahn fördert, eher abschreckt.

Warum die einen nach erlittenen Demütigungen an Geist, Leib und Seele erstarren und in die Ohnmacht flüchten, die anderen hingegen wütend reagieren und zum Gegenangriff übergehen, hat mit vielen Faktoren zu tun: genetische Anlage, Erfahrungen,

Milieu, hormonelle Verfassung, Motivation, weltanschauliche Lebenskonzeption.
Wir stellen fest, die meisten Patienten haben nach drei Wochen intensiver Beschäftigung mit ihren Problemen Energien mobilisiert, die ausreichen, neue Aktivitäten und Lebensziele anzupacken. Ausnahmslos alle erkennen ihr falsches Denkmuster und probieren endlich das aus, was sie immer schon wollten, aber nie zu tun wagten, weil sich falsche Schuldgefühle einstellten oder Ängste vor Sympathieverlust aufkamen.

Selbstzerstörung

Romano Guardini erkannte, daß das Hauptproblem des modernen Menschen in der Selbstannahme liegt; Horst Eberhard Richter analysiert im »Gotteskomplex« diese Unfähigkeit zur Annahme seiner selbst als eines endlich begrenzten, in vieler Hinsicht armseligen und erlösungsbedürftigen Wesens. Wer seine Begrenztheit nicht annehmen kann, wird sich selber zerstören. Dies geht einher mit vielfältigen Beziehungsstörungen. Hier kann einzig und allein die Erfahrung der Liebe heilen. Jeder ahnt, daß er mit sich selbst nur ins Reine kommt und sich zustimmen kann, indem er von einem anderen akzeptiert wird. Dahinter steckt auch die Sehnsucht nach einem Gott, der unwiderruflich mit den Scherben des Lebens einverstanden ist und vorbehaltlos liebt.

Da ist eine Frau, die sich mit dem Messer selber Schnittwunden an den Armen zufügt. Sie will sich nicht umbringen; sie will lediglich im zugefügten Schmerz ihr Dasein verspüren. Die Intensität des Schmerzes vermittelt ihr das Gefühl, daß es sie noch gibt. Zugleich deutet sie damit unbewußt an, daß sie eigentlich nicht liebens- und somit nicht lebenswert ist. Sie tut das körperlich, was ihr jahrelang seelisch angetan wurde: Sie schneidet sich, weil sie immer geschnitten wurde.

Ihre Ehe ist eine einzige Hölle. Der Mann steigert sich unter Verdrängung seiner Defekte in ein herrschsüchtiges Selbstgefühl hinein, während sie in Selbstablehnung und Schwermut versinkt. So drückt sie stellvertretend für ihn aus, was er bei sich nicht erkennen will, nämlich die Defekte. Und da sie es sich gefallen läßt, daß er alles Positive verkörpert, verharrt sie masochistisch in ihren Minderwertigkeitsgefühlen.

Schon ihr Vater war so. Jetzt wiederholt sie auf tragische Weise das Schicksal, das sie als Kind bereits erlitt. Ihr Gehorsam wurde von der Mutter und der Großmutter mit frommen Sprüchen eingefordert. So handelte sie stets angepaßt und »selbstlos«, weil sie unter dem Druck autoritärer Strukturen gar nicht anders konnte.

Wir haben uns sehr um sie gekümmert, haben sie provoziert, integriert und akzeptiert. Am Ende der Therapie, als alle Teilnehmer ihre persönliche Bilanz zogen, sagte sie etwas für uns Erstaunliches: »Eine Bemerkung, die hier gefallen ist, hat mich ins Leben zurückgerufen. Es wurde gesagt, man müsse sich als Christ auch für den Gehorsam verantworten. Wer immer nur gehorcht und sich fügt, kann schuldig werden am Leben. Ich habe immer auf andere gehört; jetzt werde ich mich wehren und nein sagen. Ich bin dankbar dafür, daß ich hier sein durfte.«

Es gibt sogenannte Pechvögel und Unglücksraben, Menschen, denen das Schicksal nicht geneigt zu sein scheint. Jedoch torpedieren sie selber ihre Erfolgsmöglichkeiten durch ein negatives Denken, durch ungeschicktes Vorgehen. Wer sich ständig für dumm und unfähig hält, sucht unbewußt die Gefahr zu vermindern, seine Fähigkeiten unter Beweis stellen zu müssen. Es kann aber auch trotziger Widerstand sein, der immer wieder Ungeschicklichkeit und Mißerfolg nach sich zieht. Viele Streitigkeiten werden wegen Bagatellen angezettelt, weil man sich im allgemeinen Debakel sicherer fühlt als im zärtlichen Miteinander. Ich-schwache Menschen gehen nicht gut mit sich um. Natürlich haben sie hohe Erwartungen an die anderen, an das Leben, manchmal auch an sich selber. Aber die geringe Selbstachtung vereinigt sich mit einem ungeheuren Liebes- oder Erfolgshunger, der nie gestillt werden kann. So kommt es zur Resignation oder zur seelischen Explosion.

Sprachlosigkeit

Manchen verschlägt es die Sprache. Sie sind stumm. Im besten Fall gelingt es ihnen, ihre Not umständlich und nichtssagend auszudrücken. Andere stottern oder sprechen sehr leise. Im Lauf der Jahre hat sich irgend etwas auf ihre Brust gelegt, auf die Stimmbänder oder auf die Atmung. Der Atem ist das Lebenselixier. Wenn sie reden, legen sie manchmal ihre Hand auf die Brust, so als ob da etwas drücke oder rausgedrückt werden müsse.

Die häufigen Erfahrungen von Ablehnung, Frust und Kritik haben sie sprachlos gemacht. Die Kommunikation ist gestört.

Ein Teilnehmer erzählt, er sei in all den Betrieben, in denen er bisher war, gemobbt worden. Siebenmal hat er den Arbeitsplatz gewechselt. Nun mag man sich fragen, wie es möglich ist, daß jemand so häufig aus einem Betrieb geekelt wird. Wo liegen die wahren Ursachen?

Im Lauf der drei Wochen wurde immer deutlicher, wo das Problem lag. Er, der Gemobbte, hielt selber nicht viel von sich. Er war unentschlossen, passiv, wirkte inkompetent. Er wurde von den anderen Gruppenmitgliedern nie gewählt, blieb als letzter übrig. Was sich im wirklichen Leben abspielte, vollzog sich auch jetzt in den Übungen. Auf meine Frage nach seinem Befinden antwortete er: »So geht es mir auch im Beruf. Ich bin das schon gewöhnt.«

In weiteren Rollenspielen, in denen er selber den Vorgesetzten, einen Kollegen und sich darstellte, wurde ihm klar, daß sein Verhalten Ablehnung provozierte. Er wirkte verschlossen, unnahbar, und war rasch beleidigt, wenn etwas nicht nach seinen Wünschen lief. Das wiederum machte die Mitarbeiter sprachlos, was er als Ablehnung deutete. Nach geraumer Zeit kündigte er die Stelle. Das wiederholte sich sechsmal.

Ich will damit nicht sagen, daß es keine echten Mobbingfälle gäbe. In diesem Beispiel aber wurde dem Betroffenen selber bewußt, daß er falsch handelte und die Reaktionen der anderen falsch deutete. Seine Sprachlosigkeit hat ihn auch handlungsunfähig gemacht. Er strahlte das »rühr mich nicht an«-Signal aus, das den Mauerblümchen zu eigen ist.

Andere reden umständlich und kommen nicht auf den Punkt. Sie merken es selber, können es aber nicht ändern. Ihre Fähigkeit, Erlebtes und Gesehenes zu beschreiben, hat gelitten. Wir wissen, daß eine ungenügende familiäre Kommunikation die sprachliche Intelligenz verkümmern läßt. Es geht nicht um das Sprechen an sich, sondern um die Fähigkeit, Sachverhalte, eigene Wünsche und Empfindungen genau zu beschreiben. Dies wird beispielsweise gefördert in frühkindlichen Rollenspielen, in gegenständlich praktischen Handlungen (Puppenspiel) und im angstfreien verbalen Austausch zwischen Eltern und Kind.

Loslassen ist schwer, annehmen auch

Wir haben Angst, liebgewordene und schädliche Gewohnheiten oder Gedanken gleichermaßen loszulassen, weil sich dann möglicherweise eine innere Leere auftut. Wir halten fest, um uns ein Gefühl von Sicherheit und Geborgenheit zu geben, gleichgültig, ob es sich dabei um menschliche, materielle oder geistige Bindungen handelt.

In der Heilenden Gemeinschaft erfahren wir regelmäßig, daß das Loslassen alter Schuld die wichtigste und auch schwerste Aufgabe ist. Es geht um das eigene Versagen, wobei nicht einmal der Grad der Schwere über das Ausmaß der Bindung entscheidet, sondern die subjektive Einstellung zur Schuld. Manche können sich die banalsten Erziehungsfehler nicht verzeihen, die ihnen vielleicht einmal ihre Kinder vorgeworfen haben. Andere brüten jahrelang über einen Streit mit dem Partner, der infolge des plötzlichen Todes des Partners nicht mehr geklärt und versöhnt werden konnte. Sie werfen sich mißglückte Situationen ebenso vor wie eine Abtreibung, die zwar schon mehrfach gebeichtet, aber nicht wirklich in Gottes Barmherzigkeit abgegeben wurde. Sie blicken wie die Frau des Lot zurück und erstarren psychisch zur Salzsäule. Gerade den Perfektionisten und den Moralisten fällt es schwer, sich selber zu verzeihen und vertrauensvoll nach vorne zu blicken. Ihnen muß gesagt werden, was der Psalmist in Psalm 65, Vers 4 ausdrückt: »Meine Schuld ist zu groß, Herr, deshalb vergib du sie mir!«

Wer nachträgt, hat viel zu schleppen, heißt es. Es ist eine biblische Forderung, seine Schuld vor Gott zu bringen und zu bereuen. Wer bereut, darf sich der Vergebung sicher sein. Er muß nicht mehr wiederkäuen, was längst verdaut und ausgeschieden ist. Wer unter Schuldgefühlen leidet, hat gewiß längst bereut, sich selbst aber nicht verziehen. Sein Gottesbild hängt schief. Die wahre Demut nimmt auch die Schuld von gestern nicht so dramatisch. Sie vermag darüber zu trauern und sie dann endgültig in die »Altlastentsorgung« Gottes zu werfen und sich der Güte Gottes zu erfreuen.

Wer nicht loslassen kann, läuft Gefahr, beim Mitmenschen eben jene Defekte und moralische Verfehlungen zu sehen, die er sich selber nicht vergeben kann bzw. nicht zugeben möchte. Diese Projektion ist unter Moralisten und selbstgerechten Christen ein typischer Vorgang. Was die Republikaner mit Clinton taten, ist die klassische (Per)Version eines Reinwaschens von eigenen Unzulänglichkeiten. Da muß ein Sündenbock herhalten, den man stellvertretend für eigene Schuld in die Wüste schickt.

Doch manche Patienten halten sich selber für den größten Sündenbock. Sie sind sogar bereit, die Fehler anderer auf ihre Schulter zu laden. Und dafür meinen sie nun büßen zu müssen. Das Abschiednehmen von vergangenen Verfehlungen erfordert Mut,

Demut und Vertrauen in die Barmherzigkeit Gottes. Und gerade das fehlt. Deshalb nimmt diese Thematik in unserer Therapie einen wichtigen Platz ein. Es geht nicht darum, Schuld psychologisch wegzudiskutieren, sondern sie ernst zu nehmen und um Vergebung zu bitten. Loslassen ist die eine Seite; annehmen der Gnade ist die andere. Schon die Annahme eines Geschenks oder eines Kompliments ist für manche ein Akt der Demut. Wer eine starke Eigenregie entwickelt hat und die Abhängigkeit von Gott als einengend empfindet, tut sich schwer mit der Annahme eines göttlichen Geschenkes: »Danke, nicht nötig, Herr«.

Es gibt Geheimnisse, die die Seele derart belasten können, daß sie erdrückt wird. Und so schweigen die Menschen. Indem sie nun darüber erzählen, durchleben sie ein zweites Mal jene schreckliche Situation. Wenn so etwas passiert, sind alle in der Gruppe betroffen. Dann kommt es vor, daß der eine oder andere Teilnehmer eine Wolldecke ergreift und sie dem Betreffenden über die Schulter legt als Ausdruck seines Mitgefühls und Trostes.

Das Erinnern vergangener Schuld oder erlittener Demütigungen bringt unweigerlich andere Gedanken mit, die mit dem Geschehen verbunden sind. Es kommt zu neuen Erkenntnissen, zu heilenden Einsichten. An dieser Stelle äußern manche den Wunsch, nach langer Zeit wieder einmal beichten zu gehen.

Was hier an Schmerzen und Einsichten aufbricht, schreiben die Betroffenen auf Zettel, die sie in der Meditation und in der Eucharistiefeier vor Gott tragen. Anschließend werden die Zettel verbrannt. Mit diesem sinnenhaften Zeichen kann die endgültige Verabschiedung erleichtert werden.

Eine andere Schwierigkeit besteht im Loslassen ungesunder, menschlicher Bindungen, vor allem der eigenen Kinder. Ich erwähnte bereits die Tatsache, daß manche Mütter ihre Kinder zum Partnerersatz machen und sie ihrer Kindheit und Jugend berauben. Doch wer das Leben und den Menschen zu binden versucht, wird ihn verlieren. Hierhin gehört auch eine übertriebene Abhängigkeit von längst verstorbenen Verwandten oder Freunden. Noch 20 Jahre nach dem Tod ihres Mannes pflegte eine Frau zu sagen: »Was würde mein Mann dazu sagen? – Das würde mein Mann nicht gutheißen. – Mein Mann hat immer gesagt ... «

Es ist uns allen bekannt, wie schwer sich Politiker und Firmenchefs tun, ihren Sessel freizumachen und das Amt Jüngeren zur Verfügung zu stellen. Während die einen sehr stark an ihrer beruflichen Position kleben, können sich andere nicht von leer gewordenen Traditionen lösen. Ob es Besitz ist oder eine fixe Idee, an der ich festhalte, ob es menschliche Bindungen sind oder alte Fehler, auf die ich fixiert bin – letztlich sichern wir uns ab gegen die Angst vor dem Ungesichertsein. Religion bedeutet Bindung an

Gott; wer sie wirklich lebt, braucht keine Ersatzbindung mehr. Und selbst die eheliche Beziehung ist nur eine vorläufige; denn im ewigen Leben gibt es keine Ehen mehr. Wer gelernt hat, loszulassen, ist frei. Wer alles bekommt, was er will, dem bekommt nicht alles, was er bekommt.

Drei Gründe für die ausbleibende Heilung

Pessimistische Lebensauffassung

Wer nicht an seine eigenen Fähigkeiten glauben kann, hat schon verloren. Man sollte meinen, daß alle Teilnehmer unserer stationären Therapie mit der Hoffnung kommen, Heilung zu erfahren. Um so wunderlicher ist es, wenn einer ohne jede Hoffnung da sitzt. Weshalb kam er denn überhaupt? Man muß in ihm den Hoffnungsfunken wecken, wenn er noch glüht. Es ist möglich, daß die Verwandten ihn schickten. Oder daß er meint, er brauche für seine Genesung nichts zu tun, das käme irgendwie von selbst. Wenn einer erst einmal erfahren hat, wie stark Gedanken sein können, wird er darauf achten.
Gedanken wirken autogen, d.h wie von selbst. Wer ständig meint, er schaffe dies und jenes nicht, er sei zu schwach und bisher sei ja sowieso alles schief ge-

gangen, muß sich nicht wundern, wenn es wahr wird. Er praktiziert ohne es zu wissen ein negatives autogenes Training.

Jesus wies darauf hin, daß dem Menschen geschehen möge, was er glaube (Matth 8,13). Heute bedient man sich in fast allen Sportarten der systematischen Denktechnik, des mentalen Trainings. Der Sportler geht in Gedanken den Wettkampf durch mit allen Eventualitäten; er programmiert sich dabei auf schnelle Reaktion, spielt alles durch und sieht sich bereits als souveränen Sieger. So vorbereitet, geht er in den Kampf.

Viele programmieren gedanklich ihren Mißerfolg. Sie reden ihn sich ein. Gleichzeitig verbieten sie ihn sich, weil es nicht gut ist, Mißerfolg zu haben. Je mehr sie den negativen Gedanken unterdrücken, desto stärker wird er. Stattdessen sollten wir aktiv darauf reagieren und handeln. Im autogenen Training beispielsweise lernen unsere Teilnehmer, ihren Körper und Geist zu entspannen, indem sie gedanklich auf ihn Einfluß nehmen. Natürlich tauchen immer wieder die alten Gedanken auf; ich lasse sie zu, pole sie um: »Angst gleichgültig, ich erreiche mein Ziel. Gott liebt mich.«

Die blockierenden Phantasien weisen auf Verwundungen hin. Diese Verwundungen müssen angeschaut werden. Wo kommen sie her? Wie bin ich bis jetzt mit ihnen umgegangen? Wie werde ich jetzt mit ihnen umgehen?

Zugestanden: nicht für jeden ist diese mentale Konfrontation gut. Menschen mit psychotischen Erlebnissen sowie psychasthenische Patienten brauchen andere Mittel.

In der Transaktionsanalyse spricht man von Skriptsätzen. Das sind die Leitsätze, die unser Leben bestimmen und immer die gleichen Verhaltensmuster heraufbeschwören. »Ich mag keinen Ärger. Lieber gebe ich nach und hab meinen Frieden. Immer wenn ich dagegen anging, kam es zu Auseinandersetzungen, die mich am Ende in eine Depression stürzen ließen«, sagte ein Vertreter, der zu uns kam wegen beruflicher Probleme und seelischer Austrocknung. Unschwer zu erkennen, daß dieser pessimistische Leitsatz Ursache seiner psychosomatischen Erkrankung war.

Dieser Mann mußte lernen, daß er nicht verpflichtet ist, allen gefällig sein zu müssen. Andere, zum Beispiel Perfektionisten, müssen lernen, daß sie das Recht haben, Fehler machen zu dürfen. Die Hektiker haben das Recht auf Zeit.

Es kommt darauf an, sich Gutes zu wünschen und nach dem biblischen Satz in Sirach zu verfahren: »Gönne dir das Glück des Tages. Wer sich selbst nichts Gutes tut, ist unerträglich!« (14,5)

Heilung kann durch traurige, negative Impulse blockiert werden. Oft stecken auch zu hohe Erwartungen dahinter. Da sie kaum zu erfüllen sind, bleibt der Frust nicht aus. Solange die Betreffenden die Ursache nicht bei sich selber suchen, machen sie andere für ihr Unglück verantwortlich. Manchmal muß man sie hart herannehmen und schütteln und ihnen fest in die Augen schauen und wie Jesus fragen: »Willst du gesund werden?«

Unversöhnlichkeit

Da betet einer schon jahrelang um Heilung, unternimmt Wallfahrten, und nichts tut sich. Schließlich hegt er Groll auf Gott. Daß er sich erst einmal mit seinen Verwandten aussöhnen muß, kommt ihm nicht in den Sinn. Einer Frau, die auf Druck ihres Mannes eine Abtreibung vornehmen ließ und dann später von ihm verlassen wurde, mußte ich sagen, daß sie vierzig Jahre nach der Scheidung sich und ihrem Mann vergeben sollte. Wie will sie denn gesund werden, wenn sie ständig voller Rachsucht und Haß steckt? Sie war eine regelmäßige Kirchgängerin; sie betete im Vaterunser die Bitte: »Vergib uns, wie auch wir vergeben.« Doch handelte sie nicht danach. Und sie wunderte sich, weshalb sie trotz des vielen Betens nicht heil wurde. Ich zitierte den Satz: »Im Groll wagst du es, mich um Heilung zu bitten. Du bekommst sie nicht. Versöhne dich erst!« (Sir 28,3ff.) Das hat sie erst einmal schlucken müssen.
Unversöhnlichkeit ist einer der Hauptgründe für ausbleibende Heilungen. Unversöhnte Menschen weisen andere medizinische Werte auf als versöhnte;

sie haben eine höhere Adrenalinausschüttung. Das kann grantig machen, griesgrämig. Der Körper, der nicht lügen kann, offenbart die Probleme auf seine Weise.

So sind verletzte und unversöhnte Menschen rascher zum Prozessieren bereit, wobei man unterscheiden muß zwischen denen, die um ihr gutes Recht kämpfen, und jenen, die vornehmlich eins auswischen wollen. Juristisch kann sich beides ähnlich darstellen, weil sich die wahre Motivation glänzend hinter Paragraphen verbergen kann. Derjenige, der sein Recht bekommen hat, müßte nun vergeben können und zur Tagesordnung übergehen. Jetzt wird sich zeigen, ob es ihm um die Sache ging oder ob er nicht doch dem anderen zeigen wollte, wer er sei. Das Rechthabenwollen kann mitunter schlimmer sein als das Unrechterleiden. Oder anders ausgedrückt: Die Schuld mancher Sünder ist bisweilen nicht so schlimm wie die Gerechtigkeit der Gerechten.

Weshalb werden in unseren Gottesdiensten, wo es doch auch um Heilung an Leib und Seele geht, so wenige geheilt? Ist es unser Unglaube? Sind es unsere Kränkungen, die wir narzißtisch aufbewahren und »pflegen«? Gewiß, manchmal merken die Menschen nicht, daß sie geheilt sind, weil sie sich die Genesung anders vorstellten oder weil eine dringendere Heilung eintrat als die erhoffte. So ist die innere Heilung der Versöhnung wichtiger und unauffälliger als eine körperliche Symptombefreiung. Doch meine ich sagen zu können, daß tatsächlich die mangelnde Bereitschaft, sich und seinen Gegnern zu verzeihen, einer der Hauptgründe für ausbleibende Heilung ist. Damit will ich nicht sagen, daß auf jeden Fall eine vollständige Genesung eintritt, wenn sich der Mensch aussöhnt. Die Vergebung garantiert keine körperliche Heilung; ihre Verweigerung kann sie aber verhindern.

Lebenslügen

Da ist der Mann, der glaubt, besonders hart und deswegen männlich zu sein, weil er Gefühle für Sentimentalitäten hält. Er hat es nicht nötig, sich an einen anderen anlehnen zu müssen; und wenn sich ein anderer an ihn lehnt, wird es ihm peinlich. Das tun nur Schwache und Schwule. So gibt er sich unnahbar und hart gegen sich selbst. Wegen einer Erschöpfungsdepression kommt er zu uns in die Heilende Gemeinschaft. Natürlich ist er nicht bereit, seine »männliche« Maske abzulegen; er will lediglich Rezepte zur Vermeidung weiterer burn-out-Zustände, die er im übrigen als Merkmale tüchtiger Manager bewertet. Dann plötzlich erkennt er während einer Massage eine riesige Sehnsucht danach, verzärtelt zu werden, eine Sehnsucht, die sich tief in den Grund seiner Seele vergraben hat. Und als das Maskenspiel kam, wo ein jeder mit seiner frisch hergestellten Gesichtsmaske seinen Konflikt pantomimisch darstellt, reißt er seine Maske vom Gesicht, schaut sie lange an und beginnt sie ausdauernd zu streicheln. Und dann streichelt er sein eigenes Gesicht.

Da ist die Frau, die immer geglaubt hat, schwach zu sein und auch das Recht dazu zu haben, weil sie ja eine Frau ist, und plötzlich merkt, daß diese Schwäche ja nur eine Maske ist, hinter der sich die Angst vor ihrem Temperament verbirgt.

Und da ist der junge Mann, der sich so intellektuell gibt, so verkopft, und dies mit wohlgezielten Formulierungen auszudrücken weiß, daß er nicht merkt, wie groß eigentlich seine Angst vor Gefühlen ist. Beim Abschiedsritual, als ich ihn umarme, versagt plötzlich seine Stimme und er murmelt ein »Entschuldigung«, weil ihm gegen alle Vernunft die Tränen kommen.

Alle drei gaben sich der Täuschung hin, ganz anders zu sein als sie sind. Mitunter dienen diese Täuschungen dem Selbstschutz; manchmal sind sie aber auch nur billiger Selbstbetrug.

Wer ist im Leben schon er selber? Wir spielen Rollen und übernehmen sie wie ein zweites Ich, bis das eigentliche Ich völlig zugedeckt ist. Jemand kann sich für sehr sozial halten, weil er alles für die Schwachen tut; und dennoch kompensiert er vielleicht damit die Schwachheit, die ihn regelmäßig ins Bordell führt und ihm Gewissensbisse bereitet.

Die von Jesus gewollte Selbstverleugnung hat damit

nichts zu tun. Es geht nicht darum, seine eigenen Überzeugungen zu unterdrücken und eine Maske aufzusetzen. Es geht um die Offenlegung des wahren Gesichts und um die Hingabe in Gottes Willen. Er soll mich formen und zu dem machen, was meinem Wesen entspricht. Selbstverleugnung bedeutet Ablegen aller Masken.

Und dann gibt es noch die kleinen, dauerhaften und nicht minder wirksamen Lebenslügen:

»Ich darf nichts falsch machen, sonst …«

»In meinem Job darf ich mir keinen Fehler leisten.«

»Ich muß den Erwartungen anderer gerecht werden.«

»Das schaffe ich niemals allein.«

»Ohne dich kann ich nicht leben.«

»Ich darf nicht nein sagen, sonst enttäusche ich.«

Solche Einredungen haben eine stressige Wirkung und können jeden Heilungsschritt sabotieren. Sie müssen durchschaut und abgelegt werden, was manchmal Jahre dauert.

Wie geht Versöhnung?

Die biblische Aufforderung, siebenmal siebzigmal zu verzeihen (Matth 18,22), klingt in den Ohren rechthaberischer und stolzer Menschen wie ein Hohn. Sie meinen, ständiges Verzeihen sei ein Frei-

brief für endlose Verletzungen. Doch heißt es an anderer Stelle: »Wenn euch jemand Unrecht tut, stellt ihn zur Rede! Tut es ihm leid, verzeiht ihm, und wenn es täglich siebenmal wäre.« (Lk 17,3.4)
Es ist also eine Aussprache gefordert. Und gerade hierin liegen unsere großen Defizite: wir haben nicht gelernt, offen und sachlich zu reden, Konflikte fair zu lösen. Eher verschlüsseln wir unsere Gefühle, blocken ab, mißdeuten das Verhalten unseres Gegners, unterstellen ihm negative Motive und wünschen ihn auf den Mars. Streitkultur und Versöhnungskultur sind vernachlässigte Themen; sie kommen in den Lehrplänen aller Schulen und Universitäten nicht vor.
Wer indessen grundsätzlich eher Steine wirft statt Versöhnung praktiziert, wird keinen Frieden finden. Er sucht einen Sündenbock, an dem er seine eigenen destruktiven Impulse abreagieren kann. Auf diese Weise kann scheinbar eine Selbstbestrafung vermieden werden. Diese Projektion befriedigt den eigenen unausgelebten Haß. Es liegt auf der Hand, daß solche Menschen kaum einsehen werden, daß ihr Verhalten einen Bumerang-Effekt hat.
Als die Gesundheitsreform vorsah, das Gesamtbudget zu kürzen bzw. umzuverteilen, gingen die Ärzte auf die Barrikaden. Nicht, weil sie zu wenig Honorar bekämen, sondern weil die Grundversorgung der Patienten geschmälert würde. Der Präsident der Ärztekammer, Dr. Vilmar Karsten, bemerkte dar-

aufhin, daß mit diesen verkürzten Maßnahmen möglicherweise der Patient früher sterben werde. Dieser Satz löste einen Streit aus, der in keinem Verhältnis zur Sache stand. Von bewußter Diffamierung war die Rede, von plumper Angsterzeugung bei den Patienten; man forderte den Rücktritt des Präsidenten; eine Talkshow wurde sofort einberufen, eine Anzeige erstattet. Da wurde mit Kanonen auf Spatzen geschossen. Anderntags wiederholte der Koblenzer Arzt Dr. Stück noch einmal diese umstrittene Behauptung und bemängelte das Gebot, nur billige Medikamente zu verschreiben (Rhein-Zeitung vom 16. 12. 98).
Man kann nur erahnen, warum ein solcher Satz solche Turbulenzen auslöste. Was mir hierbei so typisch erscheint, sind die Unterstellungen. Diese Streit-Subkultur ist bei den politischen Auseinandersetzungen im Bundestag täglich zu finden. Hier werfen sich gestandene Politiker permanent böse, egoistische, dumme, unehrliche, heuchlerische und inkompetente Verhaltensweisen vor, ohne im geringsten auch nur zu erwägen, ob da nicht vielleicht doch eine glaubwürdige und richtige Meinung vorliegen könnte. Es ist die Regel, sich gegenseitig zu bekämpfen und vorschnell Unlauteres zu unterstellen.
Wer immer mit sturer Unbeirrbarkeit nach dem Schlechten fahndet und bestrafen will, sollte selbst einmal vor der eigenen Türe kehren. Wie gesagt: Wer ohne Schuld ist, werfe den ersten Stein.

Nur Verletzte verletzen. Kinder ahmen nach. Sie übernehmen die Kampfstrategien ihrer Eltern und Lehrer. Wie sollen sie je Versöhnung lernen, wenn sie sie nie erfahren haben, wenn sich die Eltern und Lehrer und Politiker nie zu einer Entschuldigung durchringen konnten und stattdessen die Kinder nötigen, sich »jetzt sofort zu entschuldigen«? Dr. Vilmar Karsten und Bill Clinton haben sich entschuldigt. Doch das genügt den fanatischen Rechtsdenkern nicht. Es muß ein Exempel statuiert werden. Es geht nicht mehr um die Aufrechterhaltung öffentlicher Moral, die eine Entschuldigung und Reue akzeptieren würde, sondern um die Reinwaschung der privaten Moral jener, die mit Akribie die schmutzige Wäsche anderer waschen.
Wer Frieden haben will, sollte sich an die Empfehlung der Bibel halten und Versöhnung suchen. Dabei ist es manchmal klug, auch dann den ersten Schritt zu tun, wenn man selber nicht der Schuldige ist. »Wenn du zum Altar kommst mit deinen Anliegen und Opfern, und es fällt dir ein, daß irgend jemand etwas gegen dich hat, so geh hin und versöhne dich mit ihm. Dann komm wieder und ich nehme deine Gaben an.« (Matth 5,23.24)
Ein solches Handeln erfordert Mut und Demut. Narzißtische Menschen haben beides nicht. Sie sind tief und lang beleidigt, und das pflegen sie. Mit Zorn, heftiger Gegenkritik oder auch mit Depression und Rückzug reagieren sie auf die geringsten

Verletzungen. Manchmal verbirgt sich dieser Narzißmus hinter einer bescheidenen und demütigen Haltung. Dann wird sogar die Demut zum Gegenstand der Selbstbewunderung. Wer seine eigenen Schwächen kennt und als Teile seiner Persönlichkeit annimmt, geht viel versöhnlicher mit Sündern um. So kommt es vor, daß Menschen, die sich als Sünder wissen, unter sich oft toleranter und verständnisvoller sind als die, die sich für gerecht wähnen.

Versöhnung ist mehr als Vergebung. Während die Vergebung einen willentlichen Akt darstellt, ist die Versöhnung auch ein affektiver Vorgang. Gott fordert Vergebung; er selber hat sich hingegeben »zur Versöhnung« (1 Joh 2,2). Feindesliebe beruht auf der Vergebung. Sie verzichtet auf Sanktionen, nicht aber immer auf die notwendige Wiedergutmachung. Wiedergutmachung ist keine Strafe; sie ist eine reale oder symbolische Handlung, die den guten Willen des Schuldigen zeigt. Dabei kann es niemals »Auge um Auge, Zahn um Zahn« gehen.

Wir führen unsere Patienten zum Prozeß der Vergebung hin. Vergebung meint abgeben an Gott; nicht ich, sondern Gott beurteilt und richtet. Der verletzende Vorgang, das Unrecht, das ihnen angetan wurde, ist nie mehr Gegenstand einer Anklage. Er ist vom Tisch. Vergeben heißt nicht vergessen; es bedeutet: darüber nicht mehr vorwurfsvoll und anklagend reden.

Manchmal schafft es einer, sich zu versöhnen. Das

ist der Moment, wo er seinen Gegner im Blick auf dessen Biographie und Verwundungen verstehen kann, ja sogar Mitgefühl mit ihm hat. Hier tritt der emotionale Aspekt ein. Erst wenn ein solcher Schritt getan ist, wird eine Umarmung mit dem einstigen Feind möglich.

Wir alle wissen aus eigener Erfahrung, wie faire Auseinandersetzungen das Verhältnis der zerstrittenen Parteien klären und bessern können. Gelegentlich werden aus Feinden Freunde. In der Gruppentherapie erleben wir solche Verwandlungen. Natürlich muß man aufpassen, daß eine Versöhnung nicht zu früh vollzogen wird; sie braucht Zeit. Jeder hat das Recht, seine Wunden zu lecken. Wo aber jemand der demütigenden Situation und Kränkung verfallen bleibt, konfrontieren wir ihn mit seinem eigenen verdrängten Wunsch, schwach und machtlos zu sein. Wir bitten ihn, sich seine Gegner vorzustellen, ja in der Gruppe aufzustellen und mit ihnen zu reden. Dann fordern wir ihn auf, die Rollen auszutauschen und in die Haut der Gegner zu schlüpfen. Schließlich machen wir eine phantasierte Begegnung mit Jesus, dem all diese Personen vorgestellt werden mit der Bitte, ihnen etwas zu sagen. Eigenartigerweise haben wir bei dieser letzten imaginären Übung noch nie Ablehnung oder irgendeine andere negative Reaktion erlebt. Spätestens hier kommt es zu befreienden Einsichten, wenn die Teilnehmer erzählen, was Jesus ihren ehemaligen Peinigern gesagt hat. Ich maße mir nicht an, mit dieser Imagination die Person Jesu persönlich hereinzuholen; vielmehr reichen die aus dem Unterbewußten entstehenden Dialoge und Bilder aus, um einen heilsamen Effekt zu erreichen.

Im einzelnen sind folgende Mittel zur Versöhnung zu empfehlen:

– Sie sprechen mit der betreffenden Person, die Sie verletzt hat, und bleiben sachlich. Es empfiehlt sich, das Gespräch nicht in den eigenen vier Wänden zu führen, sondern in einem ruhigen Restaurant oder Café, verbunden mit einem kleinen Essen. Bedenken wir, Jesus hat den Zachäus bei einem Essen bekehrt. Die neutrale Atmosphäre schafft die besseren Voraussetzungen für ein ungestörtes Gespräch.

– Klagen Sie nicht an, pochen Sie nicht auf Ihr Recht, schreien Sie nicht. Sprechen Sie über Ihre Gefühle und hören Sie vor allem zu. Auch Ihr Gegenüber hat Ängste, Zweifel und Mißtrauen.

– Wenn die betreffende Person das persönliche Gespräch ablehnt, schreiben Sie ihr einen Brief, auch wenn es der eigene Partner ist. Auf keinen Fall sollten Sie jetzt anklagen oder eine Entschuldigung erzwingen. Erschlagen Sie ihn auch nicht mit der lückenlosen Aufzählung seiner Schandtaten, sondern dosieren Sie maßvoll und kommen Sie auf den wichtigsten Punkt zu sprechen. Vor allem: Meiden Sie umständliche und langatmige Ausführungen. Auch wenn Sie um eine Antwort bitten, ist es klug, keine zu erwarten. Eine solche Konfrontation mit alten Geschehnissen löst unterschiedliche Gefühle aus, und mancher kann sich nicht richtig ausdrücken. Lieber schweigt er.

– Auch wenn die Person, von der Sie so sehr verletzt wurden, bereits verstorben oder unbekannt verzogen ist, sollten Sie Ihre Gedanken und Gefühle aufschreiben. Diesen Brief können Sie vor das Kreuz legen und nach geraumer Zeit verbrennen. Geben Sie in Gedanken alles ab, was belastet und der Vergangenheit angehört.

– Machen Sie eine Entspannungsübung, schließen Sie Ihre Augen und stellen Sie sich Ihre Täter vor. Führen Sie mit ihnen ein Gespräch und bitten Sie jetzt Jesus in die Gruppe hinein. Schauen Sie, was dann geschieht. Diese Begegnung können Sie so oft phantasieren, wie es Ihnen nötig erscheint. Stellen Sie sich auch jene Szenen vor, in denen Sie andere verletzt haben.

– Beten Sie für jene, die als Verletzte Ihnen Verletzungen zufügten. Manchmal wußten sie nicht, was sie taten. Bitten Sie Gott um Nachsicht und übergeben Sie alle ihre Peiniger der Obhut Gottes. Segnen Sie die, die fluchen und wehtun; denn sie sind nicht viel anders als wir selber.

– Für Ehepaare empfehle ich folgendes Ritual, das vorbeugend wirkt und wöchentlich einmal gemacht werden soll: Sie liegen beide im Bett. Ihr Partner sagt Ihnen jetzt, was ihm an Ihnen in der vergangenen

Woche besonders gut gefallen hat. Danach äußert er auch seine negative Kritik. Sie schweigen. Dann sprechen Sie Ihre positiven und negativen Kritiken aus. Er schweigt. Auf keinen Fall dürfen Sie das kritisierte Verhalten hinterher rechtfertigen und erklären. Das Schweigen gehört zum Ritual. Denn das Gesagte bedeutet nicht, daß Sie so sind, sondern daß Sie so auf den Partner wirken. Nach diesem Austausch geben Sie sich einen Kuß oder mehr ...

Ein Beispiel:

ER: Ich fand sehr gut an dir, wie du gestern auf den Anruf von Gisela reagiert hast. Du bist ruhig geblieben. Auch am Montag mit den Kindern: Da warst du ganz souverän und cool. Und außerdem kochst du sehr gut. Nicht gut fand ich, als du heute morgen mir unterstellt hast, ich hätte den Wagen absichtlich so eng an die Wand geparkt, damit du nicht reinkommst. Das hat mir weh getan.

SIE: Ich fand gut an dir, daß du mit deinem Chef mal endlich offen geredet hast. Auch daß du das mit der Waschmaschine so gut hingekriegt hast. Geärgert hab ich mich vorgestern, als die Meiers da waren. Da hast du groß und breit getönt, ich könne ja nie pünktlich sein. Ich finde, das geht die Meiers nichts an.

ER: Entschuldige bitte, es tut mir leid.

Wenn die Verletzungen zu tief liegen, wenn Sie noch nicht darüber sprechen können, sollten Sie sich eine

Zeit des Schweigens gönnen. Lassen Sie aber den anderen nicht schmoren, sondern sagen Sie, daß Sie das Ganze erst einmal überschlafen müssen. Spätestens am anderen Tag muß der Rauch verflogen sein und ist ein Gespräch fällig. Großer Schaden wird angerichtet, wenn Sie tagelang schmollen, beleidigt jedes Gespräch verweigern, mit Ironie und Zynismus reagieren, erpresserische Tränen weinen, mit Liebesentzug strafen, weglaufen oder die arme, gekränkte Person spielen.

Jesus nennt den Verräter Judas »Freund«. Das muß in Judas einen größeren Schmerz ausgelöst haben als wenn er ihn mit Verräter betitelt hätte. Auf das dreimalige Leugnen des Petrus reagiert Jesus später mit der dreimaligen Frage: »Liebst du mich?« Dem geheilten Gelähmten am Teich Bethesda ruft er nach: »Sündige nicht mehr, sonst geschieht dir Schlimmeres!« Die ertappte Ehebrecherin bewahrte er vor der Steinigung mit den Worten: »Wer ohne Sünde ist, werfe den ersten Stein.« Und für seine Peiniger betet er: »Vergib ihnen, denn sie wissen nicht, was sie tun!« Weil Jesus ein Mann der Versöhnung war und eins mit dem Vater, lebte er authentisch, wahrhaftig. Das bewahrte ihn vor psychosomatischen Störungen.

Versöhnung ist die beste Gesundheitspolitik.

Heilwerden durch Sakramente

Immer wieder beklagen sich Patienten bei mir über ihre negativen Erfahrungen mit Psychologen, die den christlichen Glauben nicht nur persönlich ablehnen, sondern auch bei ihren Klienten wegschieben bzw. insgesamt sogar als krankmachenden Faktor hinstellen.

Anfragen nach Adressen gläubiger Therapeuten und Ärzte kommen täglich. Das Vertrauen hängt bei vielen Ratsuchenden wesentlich davon ab, ob ihr Therapeut und Seelsorger das weltanschauliche Konzept mit ihnen teilt, mindestens nicht lächerlich macht. Hier gibt es eine erhebliche Versorgungslücke. Es geht nicht um Hinführung in eine bestimmte weltanschauliche Richtung; es geht um Ernstnehmen religiöser Einstellungen, um das Anschauen möglicher krankmachender Lebensdeutungen. Notfalls muß der Therapeut seinen Klienten zur geistlichen Beratung schicken, so wie der Priester seinen Ratsuchenden zum Arzt oder Psychologen schickt, wenn er erhebliche Störfelder entdeckt, die sich seinem Kompetenzbereich entziehen.

In unserem Freisinger Haus bieten wir natürlich neben den Beichtgesprächen und Gottesdiensten auch das Sakrament der Krankensalbung an. Dieses Sakrament wird immer noch verkürzt und einseitig als »Letzte Ölung« mißverstanden. Wir bieten es jedem Kranken an, und sei es auch nur aufgrund anhalten-

der Migräneattacken oder depressiver Phasen. Und alle nehmen dankbar dieses Angebot an.
Wir erleben immer wieder Heilungen. Nicht der Spender, sondern Gott selber handelt hier. Dabei ist allein schon das Ritual der Zuwendung, das sich in der Salbung und dem Wort vollzieht, ein psychologisch nicht zu unterschätzendes Therapeutikum.
Eine Frau klagte tagelang über Kopfschmerzen; schließlich gab ich ihr die Krankensalbung. Danach war sie völlig befreit, jedenfalls für die Zeit der Heilenden Gemeinschaft. Kritiker mögen jetzt einwenden, daß hier ein Placebo-Effekt wirksam wurde. Selbst wenn dem so ist, spricht nichts gegen die Krankensalbung.
Eine andere Person litt unter dem Neinsagersyndrom: Sie schüttelte ständig ihren Kopf, als hätte sie Parkinson. Es war aber keine neurologische Erkrankung, wie mir der Arzt sagte. Im Gespräch kam heraus, daß dies nach einem unseligen Erbstreit angefangen habe. Außerdem klagte sie sich einer schweren Lieblosigkeit an. Sie bat um ein Beichtgespräch. Danach verschwand das Kopfschütteln und trat nicht mehr auf.
Manchmal, jedoch seltener, erleben wir eine Heilung nach dem Empfang der Eucharistie. Vielleicht geschieht sie öfter als wir wissen. Bei den beiden anderen Sakramenten geht stets ein Gespräch voraus, so daß hier eine gezieltere Beobachtung möglich ist.

Jesus hat seinen Jüngern den Auftrag erteilt, die Kranken zu heilen und ihnen die Hände aufzulegen (Mk 16,17f.). Im Jakobusbrief wird eigens auf die Notwendigkeit der Krankensalbung hingewiesen: »Das gläubige Gebet wird den Kranken retten. Wenn er gesündigt hat, wird ihm vergeben. Betet füreinander, damit ihr geheilt werdet!« (Jak 5,14ff.) Die Meßtexte sind voll von heilenden Worten und Ritualen. Die schönsten sind klein gedruckt und werden leise gebetet. Das ist mir unverständlich. Hier eine Auswahl des Kleingedruckten:
»Herr, wir kommen zu dir mit reumütigem Herzen und mit demütigem Sinn. Nimm unsere Gaben an ... « (vor der Handwaschung)
»Herr Jesus Christus, der Empfang deines Leibes und Blutes bringe mir nicht Gericht und Verdammnis, sondern Segen und Heil.« (vor der Kommunion)
»Was wir mit dem Mund empfangen haben, Herr, das laß uns mit reinem Herzen aufnehmen, und diese zeitliche Speise werde uns zur Arznei der Unsterblichkeit.« (nach der Kommunion)

Es ist anzunehmen, daß Menschen, die gläubig diesen Gottesdienst mitvollziehen, geheilt werden oder vor größerem Übel bewahrt bleiben. Viele wissen es nur nicht. Dieses Einssein mit der Gemeinde, wie es sich in den gemeinschaftlichen Gebeten vollzieht, kann wie eine Arznei wirken. Das sollte aber nicht heißen, daß Sakramente den Arzt ersetzen. Denn die gelegentlich zu hörende Bemerkung: betende Christen brauchen keinen Arzt, sie haben ja Jesus, ist unbiblisch. Bei Sirach heißt es: »Es kommt eine Zeit, in der Gott allein durch die Hand des Arztes heilt; drum ehre auch ihn!« (Sir 38)

Ich habe einmal erlebt, wie ein junger Mann von Selbstmordgedanken und Depressionen befreit wurde, nachdem er das Sakrament der Taufe erhalten hatte. Er war 24 Jahre alt und stammte aus einer atheistischen Familie. Im Lauf seines Studiums hatte er Kontakte mit einer christlichen Studentengruppe; allmählich wuchs in ihm die Sehnsucht, ein gläubiger Mensch zu werden. Seit dem Tag seiner Entscheidung, in die katholische Kirche einzutreten, begannen die schrecklichen Suizidphantasien. Man konnte ohne weiteres annehmen, daß sich hier ein dämonischer Kampf abspielte. Als der Tag seiner Taufe und Firmung nahte, wollte er wieder absagen aus Angst vor schlimmeren Plagen. Ich beharrte darauf und erklärte ihm den geistigen Hintergrund seiner Lage. Unmittelbar nach Spendung der beiden Sakramente, die ich mit der alten exorzistischen Formel vollzog, war er befreit.

Leider ist auch vielen Priestern das Wissen um die heilende Wirkung solcher Befreiungsgebete abhanden gekommen. Das Ritual verkommt manchmal zur funktionalen Pflichtübung. Es verwundert nicht, daß immer mehr Leute nach geistlich kompetenten

Priestern fragen oder sich an außerkirchliche Adressen wenden.
In den Sakramenten wirkt Gott selber, unabhängig von der Würde oder Unwürdigkeit des Spenders. Er will aber den Glauben der Beteiligten. Sakramente »funktionieren« nicht auf Knopfdruck; der Mensch muß selber auch den Schritt in Richtung auf Gott tun und in Demut erbitten, was Gott denen zusagt, die vertrauensvoll zu ihm kommen.
Ich bin mir sicher, daß viele Ehen wieder heil würden, wenn die Eheleute jährlich ihr Eheversprechen erneuerten und wenn sie gemeinsam beten würden. Die stabilsten Beziehungen sind dort zu finden, wo neben Tisch und Bett auch der Glaube geteilt wird.

Zielsetzung und Konzept der Heilenden Gemeinschaft in Freising

Seit 1995 bieten wir im Freisinger Vinzenz-Pallotti-Haus dreiwöchige Therapieaufenthalte für Menschen in Krisen an. Diese Therapie ist biblisch ausgerichtet und umfaßt neben der medizinischen und psychologischen Betreuung auch den spirituellen Aspekt, das heißt wir fragen nach dem Gottesbild des Patienten, nach seinen weltanschaulichen Denkmustern, nach seinen religiösen Inhalten und Ritualen.
Wir sind der Meinung, daß eine ganzheitliche Hei-

lung keine weltanschauliche Neutralität verträgt, vor allem dort nicht, wo Sinn-, Glaubens- und Liebesverlust zu existentiellen Krisen geführt haben. Wir klammern Vokabulare wie Schuld und Vergebung, Gerechtigkeit und Gnade, Gebet und Gott nicht aus.

Es ist nicht unsere Aufgabe, die Menschen in eine bestimmte konfessionelle Richtung zu drängen; zu uns kommen evangelische, katholische, freikirchliche und konfessionslose Christen, aber eben durchweg gläubige Menschen. Sie haben Probleme mit ihrem Gottesbild, suchen den Sinn ihres Daseins, leiden unter Verletzungen durch Eltern, Ehepartner, Vorgesetzte, durch kirchliche Vertreter. Wir respektieren ihre private Glaubenspraxis, gehen aber auf jedes krankmachende Element innerhalb ihres Lebens- und Glaubenskonzepts ein. Wo immer Ängste, Unruhe und Leistungsdruck vorliegen, stimmt etwas nicht. Wir hüten uns davor, tatsächliche Schuld wegzuschieben und ein Gottesbild vorzulegen, das eher einem unverbindlichen Weißmacher gleicht als einem liebenden Wesen, das auch Verbindlichkeiten einfordert.

Wir gehen davon aus, daß eine Heilung nur möglich ist, wenn auch Vergebung stattfindet. Der im Kern gesunde Mensch hat sich mit sich, Gott und der Welt ausgesöhnt. Dazu ist es erforderlich, verdrängte Schuld(gefühle), Aggressionen, Ängste und alle negativ besetzten Empfindungen bewußtzumachen und sie als Teile der Persönlichkeit anzunehmen. Die Erkenntnis, daß nur Verletzte verletzen und daß jede Krankheit oder Krise einen heilsamen Sinn hat, den es zu entdecken gilt, ermöglicht den Zugang zur Versöhnung.

Die erste Woche dient dem Ziel, sich über die seelischen Verwundungen und die eigenen Reaktionen klar zu werden: Wer hat mich gedemütigt? Wie hat er es gemacht? Wie habe ich bislang darauf körperlich, seelisch, sozial und verbal reagiert?

Die zweite Woche will die Ursachen und Auslöser der Verwundungen erforschen: Weshalb haben mich die Eltern, Partner, Kollegen so behandelt? Und weshalb wählte ich jene Reaktion, an der ich heute noch leide? Welchen Gewinn oder Schaden brachte sie mir?

In der dritten Woche sollen neue Ziele gesetzt und adäquate Verhaltensstrategien eingeübt werden. Jetzt wird auch der Prozeß der Vergebung angestrebt.

Die Erfahrungen der letzten Jahre geben uns recht. Dieses Modell hat sich bewährt. Da wir mit unseren Patienten auch nach der Heilenden Gemeinschaft in Kontakt stehen, können wir ihre Wege verfolgen, ihre spätere Sichtweise und Bewertung überprüfen. Die Erfolgsquote, wenn sie denn überhaupt meßbar ist, ist im Vergleich zu den bestehenden psychosomatischen Kliniken hoch. Das liegt aber auch daran, daß wir unsere Klientel nach gewissen Kriterien auswählen, also nicht jeden annehmen.

Indikationen und Kontraindikationen

Nicht angenommen werden psychotische, suizidale, endogen depressive, akut suchtkranke Menschen und solche, die allein aufgrund einer Zwangsneurose Hilfe suchen. Hier reichen drei Wochen niemals aus. Bei Anfragen sind wir bemüht, diesen Patienten Adressen von christlich orientierten Kliniken zu vermitteln, was angesichts des immer noch verbreiteten religiös neutralen Diktats schwierig ist. Es gibt einige in Deutschland und in der Schweiz, vornehmlich freikirchlich orientiert. (Darüber gebe ich aus Zeitgründen nur telefonisch Auskunft. Schreiben hat keinen Zweck.)

Unser Angebot gilt für Menschen in Lebenskrisen, die unter

- Depressionen
- Burn-out-Syndrom
- Angstneurosen
- Sinnkrisen
- Schuldkomplexen
- religiösen Schwierigkeiten
- seelischen Verletzungen
- Beziehungsstörungen
- psychosomatischen Erkrankungen
- Kontaktproblemen

leiden. Wir nehmen maximal 18 Teilnehmer an, die von einem achtköpfigen Team betreut werden. Das Alter beläuft sich zwischen 18 und 60 Jahren, darun-

ter etwa ein Drittel Männer. Zu uns kommen Ordensleute, Manager, Hausfrauen, Studenten, Kaufleute und Ärzte sowie Menschen aus allen sozialen, pflegerischen und künstlerischen Berufen.
Die Anmeldung erfolgt über einen Fragebogen, der uns einen groben Einblick in das aktuelle Befinden des Interessenten ermöglicht. In Einzelfällen setzen wir uns mit dem Betreffenden und dessen Hausarzt in Verbindung.

Das Team

Unser Team setzt sich zusammen aus vier Psychotherapeuten, darunter ich selbst als klinischer Psychologe, zugleich in Gruppenpsychotherapie ausgebildet, dann ein Arzt, der zugleich Psychiater ist, sowie ein Kollege und eine Kollegin, die in Logotherapie und zusätzlich in Bibliodrama ausgebildet sind. Sie stehen für die Einzelgespräche zur Verfügung und sind nach Möglichkeit auch während der Gruppentherapie anwesend. Ein speziell geschulter Priester bietet geistliche Begleitung an und gestaltet unter anderem die Gottesdienste und Glaubensgespräche.
Für die Ergotherapie stehen uns drei Damen zur Verfügung, die alle mehrere Ausbildungen haben, auch in Körperarbeit und in rhythmischer Gymnastik. Hinzu kommt eine Masseurin.
Zwei Hospitantenplätze werden angeboten für In-

teressenten aus heilenden Berufen. Die Hospitanten sind bei allen Angeboten anwesend und können bei den ergotherapeutischen Maßnahmen auch aktiv mitarbeiten. Sie nehmen an den Teamsitzungen teil, in denen die Fortschritte der Teilnehmer besprochen und weitere therapeutische Maßnahmen beschlossen werden.

Die therapeutischen Angebote

Unser Haus bietet 40 Einzelzimmer und 15 Doppelzimmer, alle mit Telefon und Naßzelle ausgestattet. Es stehen uns ein großer Gruppenraum, vier kleine Gruppenräume, eine große Aula mit Bühne, zwei Meditationsräume, eine Hauskapelle sowie Sauna und Fitneßraum zur Verfügung. Gegenüber befindet sich das städtische Hallenbad. Darüber hinaus gibt es zwei Kellerstübchen, Tischtennis und einen Park. Das Anwesen ist denkmalgeschützt und steht in ruhiger Lage, sieben Gehminuten vom Zentrum entfernt.
Mit der S-Bahn ist München schnell erreichbar, insgesamt also eine günstige Lage, auch im Hinblick auf unsere österreichischen Gäste, die ungefähr ein Drittel der Klientel ausmachen.

Fünfmal wöchentlich findet sie statt; dreimal in der Großgruppe, zweimal in Kleingruppen. Sie ist das Herzstück der Heilenden Gemeinschaft und verlangt von jedem Teilnehmer einen hohen Einsatz. Meine Aufgabe ist es, die Verletzungen und meist unbewußten Abwehrmechanismen durch bestimmte und auf die jeweilige Person zugeschnittene Übungen zu provozieren. Dabei soll möglichst jeder Teilnehmer in jeder Sitzung einmal drankommen. Bewußtmachung und Analyse, Spiegelung und Übertragung, Deutung und Sinngebung – alles das sind Elemente der Gruppenarbeit. Hier wird geweint, gelacht, geschrien, gekämpft, getobt, getröstet und getanzt. Alle Empfindungen und Verletzungen werden noch einmal durchlitten; alte Bedürfnisse werden freigelegt und angeschaut. Denn die Teilnehmer sind gekommen, um ihre verschütteten Gefühle und Visionen zu finden.

Eine junge Frau klagt weinend ihren Vater an, der unsichtbar ihr gegenübersitzt. Zum ersten Mal wagt sie es, ihre tiefen Verletzungen zu verbalisieren und preiszugeben. Zwei andere Frauen schauen zu und weinen. Auch sie erleben in diesem Dialog ihre eigene Situation wieder. Als sie ihrem Vater sagt, daß er sie nie in ihren Sorgen ernst nahm und sich stets einem Gespräch entzog, daß er nur seine Arbeit kannte und eigentlich nie da war, wenn man ihn brauchte, da erkennt ein Mann in der Runde seine eigene Verwundung. Auch er, so gesteht er, ist als Vater seiner Kinder nie anwesend. Plötzlich begreift er, weshalb seine Kinder so und nicht anders geworden sind. Er weint.

Einige Teilnehmer sind bestürzt, ergreifen zwei Wolldecken und legen sie dem Mann und der Frau über die Schulter. Lange stehen sie da und schweigen.

Ich frage die anderen, wie es ihnen geht. Jeder erkennt im Spiegelbild der Geschehnisse seine eigene Verwundung. Da sagt eine Frau, daß in ihr eine große Wut auf ihren Pfarrer hochkommt. Sie fühlt sich von ihm abgelehnt. Ich bitte sie, sich eine Person zu wählen, die die Rolle des Pfarrers übernimmt. Sie wählt jenen Mann, der gerade sein eigenes Defizit erkannt hat. Dann stellt sie sich vor ihn hin und fängt an, ihren Frust laut herauszuschreien. »Sie haben mich immer nur abgelehnt. Sie wollten nur jüngere Frauen um sich haben; nie kam auch nur ein Wort der Anerkennung für meine Arbeit in der Gemeinde. Wissen Sie, daß ich Sie verachte?« Darauf entgegnet der Mann, indem er seine eigene Problematik in das»Spiel« einbringt: »Es ist nur die Angst vor Ihren Erwartungen. Nein, es ist die Angst vor Ihnen; Sie sind für mich zu stark, zu dominant. Dem kann ich nichts Gleichwertiges gegenüberstellen. Selbstbewußten Frauen bin ich nicht gewachsen.«

Als er aufgefordert wird, sich in die Mitte zu stellen und seine Vorzüge und Fähigkeiten aufzuzählen, fällt auf, daß er jede Gabe im zweiten Satz relativiert. Zuruf eines jungen Mannes: »Weshalb machst du dich so klein?« Der Mann wirkte hilflos und schwieg. Am Ende der Sitzung, als ich jeden darum bat, seine persönliche Bilanz aus der heutigen Gruppentherapie zu ziehen, sagte er: »Ich habe erkannt, daß ich es immer nur meiner Mutter recht machen wollte. Ich suchte ihre Zuwendung. Wenn etwas schief ging, gab es meistens Streit. Sie warf mir vor, ich wäre zu allem unfähig. Deshalb habe ich mein Leben lang versucht, mit Leistung mir Respekt zu verschaffen. Es konnte nichts gut genug sein. Von diesem Denken will ich weg.«

Die Frau, die auf ihren Pfarrer zornig war, erkannte nach etlichen Sitzungen: »Im Grunde habe ich ihn als Vaterfigur gesehen. Ich wollte ihm gefallen und habe ihn wahrscheinlich überfordert. Alles, was er sagte und tat, war für mich sehr wichtig. Um so schlimmer war sein Schweigen und seine Unnahbarkeit. Jetzt weiß ich, daß er Angst hatte. Ich habe angefangen, ihm einen Brief zu schreiben.«

Was immer auch aufbricht und schmerzlich erinnert wird, es ist heilsam; denn der Eiter muß heraus. Am Ende der drei Wochen, wenn die große Bilanz gezogen wird, erleben wir regelmäßig, wenngleich auch in unterschiedlichem Ausmaß, Fortschritte, Heilung und Vergebung.

Nicht alles kann in der Gruppe besprochen werden. Dazu sind die Einzelgespräche da, die das auffangen, was in der Gruppe aufgebrochen ist.
In der letzten Gruppensitzung ziehen alle Teilnehmer eine kurze Bilanz: Was hat mir am meisten geholfen? Welche Änderung nehme ich jetzt vor? Was hat mich gestört? Anschließend hat jeder die Möglichkeit, die Therapeuten zu kritisieren. Jedes Teammitglied stellt sich in die Mitte des Kreises und erhält von jedem Teilnehmer ein Feedback, eine ritualisierte Kritik, in der er erfährt, wie er während der drei Wochen vom Teilnehmer empfunden wurde. Diese Kritik-Runde wird abgeschlossen durch das »Wort in die Zukunft«, das ich als Leiter der Heilenden Gemeinschaft jedem Teilnehmer persönlich mit auf den Weg gebe. Ich sage ihm, wie ich ihn empfunden habe, wo seine Stärken liegen, auf welche Verhaltensweisen er künftig achten möge und welche Fortschritte wir im Team bei ihm bemerkt haben. Dann darf sich jeder aus einem ausgefächerten Kartenstapel eine Karte mit einem Bibelspruch ziehen.
Ein Tanz und ein Verabschiedungsritual bilden den Schluß.

Einzelgespräche

Jeder Teilnehmer hat Anspruch auf wenigstens zwei Einzelsitzungen pro Woche. Zu Beginn der Heilenden Gemeinschaft kann er sich seinen Therapeuten aussuchen. Die Therapeuten führen Protokoll und besprechen dann in den Teamsitzungen die wesentlichen Punkte. Ich muß informiert sein, um in der Gruppentherapie gezielt vorgehen zu können.
Es kommt vor, daß ein Teilnehmer auch noch nach Abschluß der Heilenden Gemeinschaft seinen Gesprächstherapeuten regelmäßig aufsucht; andernfalls, wenn weitere Betreuung notwendig ist, vermitteln wir ihm einen Kollegen oder eine Kollegin in seiner Nähe.
In den Einzelsitzungen gräbt man tiefer, ohne die gesamte Biographie analytisch zu durchforsten. Dazu reicht die Zeit nicht. Hier wird eine Art Fokus-Therapie angewandt, das heißt der Therapeut konzentriert sich auf das Wesentliche, auf den Brennpunkt, vor allem das, was in der Gruppe nicht thematisiert wird, zum Beispiel sexueller Mißbrauch oder eine Abtreibung. Hierbei werden nach Bedarf auch Entspannungstechniken, Wahrnehmungsübungen, Rollenspiele, Arbeit mit inneren Bildern und Träumen oder projektive Verfahren eingesetzt.
Wie immer auch einer arbeitet, bleibt ihm überlassen. Ob direktiv, nondirektiv, rational-emotiv, ob gestalttherapeutisch oder analytisch, das ist belang-

los. Wichtiger als die Methode ist stets die Persönlichkeit des Therapeuten, das Vertrauen des Klienten zu ihm, die Empathie. Wenn beide nicht miteinander zurechtkommen, wenn sozusagen die Chemie nicht stimmt, kann natürlich die Bezugsperson gewechselt werden.

Ergotherapie

Wir bieten zweimal wöchentlich eine zweistündige Ergotherapie, die von drei Kolleginnen durchgeführt wird: Ausmalen vorgegebener Mandalas, Herstellung von Zierkerzen oder Kunstkarten (gebügelte Wachsfarben mit Dekor), Anlegen von Gesichtsmasken aus Gips, Seidenmalerei, Blumengestecke und gelegentlich auch Töpfern.
Selbst unsere Teilnehmer, darunter vor allem die Männer, staunen immer wieder über ihre eigenen Erfolge, die sie sich nicht zugetraut haben. Jede Einheit endet mit einer Meditation und einem Tanz.
Sehr beeindruckend und für manche auch angstbesetzt ist die Herstellung der Gesichtsmasken. Das Erlebnis aufgelegter nasser Mullbinden, das Ausgeliefertsein in die Hände eines anderen, die kurzfristige Blindheit und Stummheit macht manchem zu schaffen. Alles geschieht schweigend. Der wichtigste Moment ist das Ablegen der harten Maske und das Anschauen seines zweiten Gesichtes. Es ist der Augenblick der Freude oder Trauer, der Angst

oder Wut. Hier geschehen bewegende Szenen. Die Teilnehmer werden gebeten, bis zum Abend im Schweigen zu bleiben und sich Gedanken zu machen, wie sie am Abend mit Hilfe ihrer Maske ihre Krise pantomimisch darstellen wollen.
Es gibt kein beeindruckenderes und tiefer gehendes Gruppengeschehen als das Maskenspiel, das sich im Halbdunkel bei völliger Stille im Kreis der Gruppe vollzieht. Mancher reißt sich plötzlich die Maske herunter und zertrampelt sie am Boden; andere werfen sie weg oder streicheln sie. Auf jeden Fall wird sie als Teil des Ichs empfunden und konfrontiert mit der längst fälligen Aussöhnung mit sich selbst.

Massagen

Der Raum ist leicht abgedunkelt, eine Meditationsmusik läuft, eine Duftkerze brennt. Der Patient legt sich auf den Massagetisch. Zweifellos tut die Massage gut. Rücken, Nacken und Gesicht werden berührt. 20 Minuten lang. Zweimal in der Woche. Anfangs haben wir die Massage ins Programm der Heilenden Gemeinschaft gebracht, weil sie als angenehme und therapeutische Abrundung der Gesamtkonzeption einen sinnvollen Platz hat. Dann aber wurden wir schon beim ersten Mal überrascht von der Wirkung, die sie bei manchen auslöste. Da wurde geweint, da kamen alte Verwundungen hoch,

da entdeckten die Menschen uralte, verdrängte Sehnsüchte; ja manch einer erschrak angesichts seines fehlenden Körpergefühls und seiner Verspannungen, um die er noch nie wußte.
Wir hatten Patienten, die erst durch das Erlebnis der Massagen zum Kern ihres Problems vordrangen, dorthin, wo bislang keine Therapie hinkam. Es ist bekannt, daß magersüchtige und sexuell mißbrauchte Patienten durch die Massage ein positiveres Körperbild entwickeln können; überhaupt werden durch die Erfahrung von Nähe Selbstheilungskräfte gestärkt, weil damit der streßlösende Einfluß des Parasympathikus mobilisiert wird. Babys, die regelmäßig massiert werden, weisen eine höhere Aufnahme- und Leistungsfähigkeit auf. Auch asthma- und krebskranke Patienten reagieren positiv auf Entspannungsmassagen. Dabei geht es uns nicht so sehr um die Beseitigung muskulärer Verhärtungen als vielmehr um die Berührung an sich (Streichmassagen).

Tanz und Gymnastik

Auffallend viele Menschen haben das Gefühl, ja jede Beziehung zu ihrem Körper verloren. Er kommt ihnen vor wie ein Gefängnis oder er kommt gar nicht vor. Nach jeder Gruppensitzung folgt ein Tanz, ein Sirtaki, ein Reigen oder was auch immer. Auch die Körperbehinderten machen mit so gut es geht; Teilnehmer im Rollstuhl werden in die Mitte gestellt und so umtanzt. Die schwungvolle oder auch meditative Musik und der einfache Schritt machen es jedem leicht.

Wir bieten vor allem auch meditative Tänze an, die einen größeren Ausdruck von Leib und Seele ermöglichen. Anfänglich sträuben sich vor allem die Männer davor. Das spielerische Erleben ihres Körpers ist für sie wesentlich schwieriger und ungewohnter als das leistungsbetonte, sportliche Kämpfen. Es dauert eine Weile, bis der Verstand erfaßt hat, daß sich die Empfindungen der Seele in den Bewegungen des Körpers ausdrücken und befreien können. Der verschüttete Zugang zu den Gefühlen und Bedürfnissen kann im Lauf von drei Wochen durch das intensive Erleben der unterschiedlichen körperlichen Ausdrucksweisen freigelegt werden.

Eine Teilnehmerin litt unter dem Gefühl, von der Taille abwärts zugeschnürt zu sein. Sie ließ keinerlei emotionale Erschütterung bei sich zu, wirkte kühl und verkopft. Anfangs weigerte sie sich, die Tänze mitzumachen. Erst als sie in der Gruppentherapie aufgefordert wurde, ihren Schmerz verbal auszudrücken, zu schreien und auf ein Kissen einzuschlagen, was sie erst nach zehnminütigem Bitten tat, und als sie danach wie ein Kind in der Decke eingehüllt von sechs Teilnehmern getragen wurde, löste sich ein Teil der Verkrampfung. Sie ließ sich auf die

Tänze ein und machte im doppelten Wortsinn erstaunliche Fort-Schritte. Am Ende der Therapie konnte sie sich sogar umarmen lassen, was bis dahin unmöglich schien.

Bibliodrama

Hier werden biblische Geschichten zur Grundlage der Interaktion gemacht; jeder sucht sich aus, welche Person oder welchen Gegenstand er darstellen möchte. So bietet die Erzählung vom Sturm auf dem Meer sechzehn verschiedene Rollen: die 12 Apostel, Jesus, das Boot selber, der Sturm, das Wasser. Wer wird welche Rolle übernehmen? Warum gerade diese Rolle? Woran erinnert ihn das? Was hat das mit ihm zu tun?

Beliebt sind alle Heilungsgeschichten, zum Beispiel die vom blinden Bartimäus, der seinen Mantel wegwirft, auf Jesus zugeht, obgleich die Masse ihn zum Schweigen auffordert. Oder die Erzählung vom Gelähmten, den die Freunde durchs Dach hinunterlassen.

In den Rollen erkennen sich die Betroffenen wieder; sie spüren etwas Gemeinsames mit der biblischen Figur und mit dem, was sie hier im Leben bewegt. Sie werden mit ihrer eigenen Lebens- und Glaubensgeschichte konfrontiert. Auf diese Weise werden manche Verletzungen und Sehnsüchte wach; Abwehrmechanismen werden erkannt, neue Wege versucht.

Zu uns kommen gläubige, zweifelnde, von der Kirche enttäuschte und gottsuchende Menschen. Viele haben kein fundiertes religiöses Wissen, keine gute Kenntnis der Bibeltexte. Vielmehr leiden sie unter einem erheblichen Mangel an befreiendem und lebensbejahendem Glaubenswissen. Manche zeichnen sich aus durch eine streng formale und naive Frömmigkeit, andere durch ein krankmachendes Gottesbild und wieder andere durch ein völlig verwaschenes, esoterisch durchdrungenes, aber keineswegs erlöstes Weltbild. Immer wieder tauchen die gleichen Fragen auf: Warum läßt Gott soviel Leid zu? Gibt es eine ewige Verdammnis? Hat die katholische Kirche allein die Wahrheit?

Anhand von biblischen Texten werden die typischen Probleme aufgegriffen und dialogisch durchgesprochen. Dabei kommt es zu Korrekturen, manchmal zu einem befreienden Aha-Erlebnis. Gelegentlich heißt es dann: »Wenn ich das doch früher gehört hätte! Warum hat man uns das nicht gesagt? Jetzt verstehe ich manches viel besser.« Es gibt Stunden, die reine Katechese sind, also Glaubensunterweisungen. Wir erkennen, daß immer mehr Menschen unseres christlich geprägten Abendlandes immer weniger über das Christentum wissen. Das wirkt sich auf Geist und Seele aus. Es geht nicht um Missionierung oder Konfessionalisierung; es geht auch nicht um unkritische Rechtfertigung kirchlicher Vorgehensweisen oder Lehren. Uns liegt daran, angstmachende und sachlich falsche Elemente zu erkennen und auszuräumen, so beispielsweise die Meinung, die Lehre von der Reinkarnation sei biblisch verankert oder der Kirchenlehrer Origenes habe sie verbreitet. Oder der Gedanke, man dürfe sich aufgrund des vierten Gebotes (»Ehre deine Eltern«) nicht zur Wehr setzen. Oder die Auffassung, Gott strafe den Menschen, indem er ihn krank macht oder gar in die Hölle schickt. Es kommt immer wieder vor, daß am Ende der Therapie ein Teilnehmer in der Schlußrunde sagt: »Besonders hat mir die Bibelstunde geholfen, in der gesagt wurde …«

Gottesdienste

Sie gehören zum therapeutischen Programm, sind aber nicht verpflichtend. Dennoch erleben wir auch die regelmäßige Teilnahme nichtkatholischer Gäste, sogar derer, die aus der Kirche ausgetreten sind. Die Atmosphäre ist familiär. Man sitzt im Kreis um den Altar, gestaltet den Gottesdienst aktiv mit. Zweimal wöchentlich bieten wir eine Eucharistiefeier an; einmal eine Anbetung oder eine Lichtvesper und am Ende einen sogenannten Segnungsgottesdienst. Das ist eine besonders feierlich gestaltete Messe mit dem Angebot der Krankensalbung und einem abschlie-

ßenden Gebet um Heilung, das mit Handauflegung über jeden Einzelnen vollzogen wird.
Da ging noch keiner ungerührt nach Hause. Wir haben auch Heilungen erlebt, die uns erst später im Kontrollfragebogen mitgeteilt werden.
Wer täglich an einer Eucharistiefeier teilnehmen möchte, ist zur morgendlichen Messe der Hausgemeinschaft eingeladen. Unsere Hauskommunität besteht aus fünf Pallottinerpatres und einem Bruder, nicht gerechnet das Personal.

Bunter Abend

Dieser Abend wird ausschließlich von den Gästen gestaltet. Eine Aula mit Bühne steht zur Verfügung. Es ist für alle Beteiligten eine Offenbarung, die Vielfalt der Begabungen und Einfälle zu erleben, die sich an diesem vorletzten Abend der HEILENDEN GEMEINSCHAFT präsentiert. Natürlich werden dabei auch die Therapeuten durch den Kakao gezogen. In Gedichten, Sketchen, Liedern, Tänzen und Büttenreden passieren die drei Wochen noch einmal Revue. Manch einer ist wohl selber von seinen Fähigkeiten überrascht und wird motiviert, längst vergrabene Talente auch zu Hause wieder an den Mann zu bringen.

Nachkontrollen

Ein halbes Jahr später erhalten alle Teilnehmer einen neuerlichen Fragebogen, in dem um kurze Darstellung des Gesundheitszustandes und um nochmalige Bewertung der Therapie gebeten wird. Der Rücklauf der Fragebogen ist mit 85 % sehr hoch. Ich wage es, die Erfolgsquote unserer therapeutischen Bemühungen mit 70% anzugeben. Objektive, vollständige Besserung des Befindens weist ein Drittel auf; teilweise, aber zufriedenstellende Erfolge geben die meisten an, Rückfälle oder gelegentliche Phasen depressiver bzw. ängstlicher Stimmung einbegriffen. Bei durchschnittlich zwei Personen sind die gewünschten Verbesserungen ausgeblieben. Besonders gut empfinden viele Gäste das Erlebnis der Gemeinschaft, die Offenheit, das Engagement des Teams und die Fülle der verschiedenen Angebote. Die gruppentherapeutischen Sitzungen stellen für die Mehrheit eine besondere Herausforderung dar, hier vor allem auch die provokative Art des Therapeuten. Andererseits sehen sie ein, daß drei Wochen kurz sind und Provokationen den Prozeß der Bewußtmachung beschleunigen. Nach zwei Jahren laden wir alle Teilnehmer wieder ins Haus ein, um an einem Wochenende nochmals das gegenwärtige Befinden von Leib und Seele anzuschauen und Erfahrungen auszutauschen. Etwas mehr als die Hälfte aller ehemaligen Patienten macht von dieser Einladung Gebrauch.

Die Haltung der gesetzlichen Krankenkassen

Wir kämpfen um die Anerkennung. Infolge der Gesundheitsreform bleiben allerdings unsere Maßnahmen aus dem Katalog der kassenbezogenen Leistungen ausgespart. Das heißt: Die Kassen müssen nichts bezahlen. Manche Privatkassen übernehmen die reinen Therapiekosten. Gelegentlich zahlen auch die gesetzlichen Krankenkassen auf Kulanzbasis einen Teil, nämlich die Leistungen, die nach der Gebührenordnung für Ärzte (GOÄ) berechnet werden. Sie sind auf unserer Rechnung gekennzeichnet. Insgesamt aber sieht es schlecht aus mit der Kostenübernahme. Die Patienten berappen also alles aus eigener Tasche. Das ist zwar nur ein Drittel von dem, was die Kassen in den üblichen Kliniken abdecken müssen, aber für das private Portemonnaie immer noch viel. Gewiß, ein Urlaub ist teurer, doch sollten die Kassen nicht so sehr gesetzesbezogen, sondern erfolgsorientiert handeln. Was gut, preiswert und effektiv ist, spricht für sich selber. Stattdessen werden viele unnütze und teure Therapien bezahlt, weil sie im Leistungskatalog der Kassen verzeichnet sind. Eine ärgerliche, aber real existierende Torheit.

Und weil jeder Teilnehmer selber zahlen muß, haben wir unsere Honorare so niedrig gehalten, daß wir gerade kostendeckend arbeiten können. Alle Therapeuten verzichten auf den üblichen Satz, der doppelt bis dreimal so hoch wäre. Die Freude an der Arbeit, das Erleben des Erfolgs und das gute Arbeitsklima machen es möglich. Ich habe zehn Jahre lang nach einem guten Team gesucht; es hat sich gelohnt.

Fragebogen bitte ausfüllen und an das Pallotti-Haus in Freising senden

Name: ....
Vorname: ....
Geb.: ....
Straße: ....
PLZ: ....
Ort: ....
Telefon: ....
Beruf: ....

Ich will teilnehmen an der HEILENDEN GEMEINSCHAFT vom ..... bis .....
Sollte kein Platz mehr sein: Ersatztermin am: ....

Weshalb wollen Sie an der HG teilnehmen?

Welche Medikamente nehmen Sie zur Zeit?

In welchen Kliniken und wann waren Sie zur Therapie? Wie lautete die Diagnose?

Kreuzen Sie bitte jene Symptome an, unter denen Sie derzeit leiden! Unterstreichen Sie jene Symptome, unter denen Sie besonders stark leiden:

Körperliche Beschwerden	Seelische Probleme	Geistliche Probleme
☐ Verdauungsprobleme	☐ Schlafstörungen	☐ kann nicht beten
☐ Kopfschmerzen	☐ Zwänge	☐ Schuldgefühle
☐ Magenschmerzen	☐ Ängste	☐ kann nicht verzeihen
☐ Juckreiz	☐ Negatives Denken	☐ Habe einen strafenden Gott
☐ Appetitlosigkeit	☐ Selbstmordgedanken	
☐ Hautprobleme	☐ höre Stimmen	☐ Leistungsfrömmigkeit
☐ Müdigkeit	☐ Unruhe	☐ Verdammungsangst
☐ Bluthochdruck	☐ fühle mich abgelehnt	☐ Zorn auf Gott
☐ Schwitzen	☐ kann nicht nein sagen	☐ habe Skrupel
☐ Herzbeschwerden	☐ bin traurig	☐ komme mit Gott nicht klar
☐ Zittern	☐ Wut auf Eltern bzw. Partner(in)	☐ Gefühl, von Gott abgelehnt zu werden
☐ Geräuschempfindlich		
☐ Rückenschmerzen	☐ Erröten	☐ Habe das Gefühl, für andere zu leiden
☐ Kloß im Hals	☐ Partnerschafts-probleme	
☐ Atmungsprobleme	☐ Schwermut	
☐ Schwindelgefühle	☐ Rasch erregt	

David Dejori
HEILENDE GESCHICHTEN

Gottesbild: Die Geschichte von Jonas, der Wunder wirken wollte

Jonas hatte von Jesus gehört, der so viele Wunder vollbrachte, der Kranke heilte, Blinde sehend machte und sogar Tote erweckte. Er wollte diesen Jesus kennenlernen und kaufte sich sogleich eine Bibel. Er verschlang sie Seite um Seite, und die Geschichten, wo Jesus Menschen heilte, las er besonders aufmerksam. »Endlich einer«, so dachte Jonas, »der Wunder vollbringen kann; einer, der stärker ist als alle Menschen.« Jonas dachte Tag und Nacht an ihn; auch er wollte etwas von seiner Stärke spüren. »Wenn ich ihn erst einmal zum Freund habe, schenkt er mir sicher einen kleinen Prozentsatz seiner Kraft, damit auch ich heilen kann.«
So dachte Jonas, und er selbst wollte Heilung erfahren, da er Minderwertigkeitskomplexe hatte und darunter sehr litt. So betete er: »Jesus, mach mich stark und kräftig; schenk mir ein sicheres Auftreten. Gib mir die Gabe, Wunder zu tun, damit die Menschen sehen, wie ich mich verändert habe.«
Er nahm ein großes Blatt Papier und malte darauf mit leuchtenden Farben Jesus, der mit ausgestreckten Armen Jonas entgegenging. Dieses Bild hängte er

in seinem Zimmer auf, und jedesmal, wenn er es betrachtete, dachte er an die vielen Wunder. »Es dauert sicher nicht mehr lang, bis ich jene Kraft spüre, die ich zum Heilen brauche; denn Jesus liebt die Menschen und ich muß die Menschen auch lieben.« Jonas ging durch die Straßen mit einem Strahlen im Gesicht und alle, die ihn sahen, wunderten sich, wieso er so fröhlich sein konnte. Laut rief er: »Ich habe Jesus zum Freund, und bald werde ich Wunder vollbringen können.«
In seinen Gedanken sah er stets das Bild, das er gemalt hatte, und tatsächlich rückte dieser Jesus mit ausgestreckten Armen immer näher zu ihm. Es konnte gar nicht anders sein, weil er es sich schon lange so sehr gewünscht hatte. Jetzt malte Jonas ein neues Bild, wo Jesus ihn fest in seinen Armen hielt. Auch das hängte er in sein Zimmer. Sein Vertrauen war so groß, daß er wußte, bald werde er die Kraft bekommen, Wunder zu tun. Dabei merkte er nicht, wie seine Minderwertigkeitskomplexe verschwunden waren. Nur seine Mitmenschen sahen es deutlich. Aber Jonas wollte Wunder vollbringen, weil auch Jesus das konnte. »Schließlich habe ich ihn zum Freund«, sagte sich Jonas. Und er hörte auf, in der Bibel zu lesen, so daß er das Ende von Jesus gar nicht erfuhr.
Eines Sonntags sah er viele Menschen in die Kirche gehen und wunderte sich, warum sie so traurig diese Kirche betraten. Da war keine Freude in ihren Ge-

sichtern. Neugierig fragte er einen Mann, der auch auf dem Weg zur Kirche war: »Entschuldigen Sie, was machen die Menschen in der Kirche?« »Na, Gottesdienst feiern!« entgegnete der Mann und wunderte sich über diese Frage.
Jonas aber wunderte sich, daß keiner Freude zeigte. Warum das so war, konnte der Mann nicht beantworten. Jonas ging auch hinein und pfiff fröhlich ein Lied und klatschte in die Hände. Alle starrten ihn verärgert an. Das störte Jonas nicht, und er merkte zum ersten Mal, daß seine Minderwertigkeitskomplexe verschwunden waren. Das freute ihn. Und er pfiff noch lauter.
Als er eine blinde Frau erblickte, sprang er auf sie zu und sagte: »Frau, du sollst sehen!« Denn genauso hatte es auch Jesus gemacht. Er wiederholte es einige Male, aber nichts geschah. »Jetzt bin ich aber böse, Jesus, wie lange läßt du mich warten? Ich will heilen können!« Doch nichts geschah.
Dann blickte sich Jonas um, und plötzlich sprang er auf und schrie laut: »Nein!« Er hatte Jesus gesehen, der vorne am Altar am Kreuz hing und an Händen und Füßen blutete. »Warum«, rief Jonas, »habt ihr einen so traurigen und verletzten Jesus in der Kirche? Ich habe einen anderen Jesus in meinem Zimmer, einen, der Wunder vollbringt und Kraft hat.« Als er sah, daß die Menschen keine Freude in ihren Gesichtern zeigten, ging Jonas betroffen nach Hause.

Unterwegs kaufte er sich ein Kreuz, das er in sein Zimmer stellte. Er verkroch sich und hockte stumm vor seinem gemalten Bild. Tausend Gedanken gingen ihm durch den Kopf. Dann schaute er das Kreuz lange an. Da fiel ihm ein, daß er ja beim Lesen der Bibel alle Stellen überflogen hatte, in denen von den Leiden und Mißerfolgen Jesu die Rede war. Nach einer Stunde – oder war es mehr? – erhob sich Jonas wortlos, nahm einen schwarzen Filzstift in die Hand und schrieb auf die weiße Zimmerwand das Wort TRAURIG. Dann mußte er an die Menschen in der Kirche denken, ging auf das Kreuz zu und malte auch darüber in großen Buchstaben das Wort TRAURIG.

Dann weinte Jonas und besann sich, daß er von Jesus nur Macht und Kraft haben wollte, heilen zu können. Er nahm das Kreuz in seine Hände und drückte es fest an sich. »Ich will dich trösten, Jesus«, sagte er, »du hängst so traurig am Kreuz.« Daraufhin spürte er Wärme und Liebe. Dann schaute er auf sein gemaltes Bild, und er empfand Freude. So stellte er das Kreuz neben das Bild. Da steht es heute noch.

»Ich will allen Menschen von dir erzählen«, flüsterte Jonas Jesus zu. »Ich will meine Freude und Dankbarkeit weitergeben, denn du hast mich von meinen Komplexen befreit. Danke.«

Und seit dieser Zeit ist Jonas ständig bemüht, die Traurigkeit der Menschen zu verscheuchen, indem er ihnen von der Liebe Gottes erzählt und von dem Wunder, das Jesus an ihm gewirkt hat.

Loslösung: Die Schnur

In irgendeinem Land wurde irgendein Kind geboren; es trug auch irgendeinen Namen, der sich weltweit tausendfach wiederholte. Und doch war dieses Kind einzigartig; es wuchs heran, gut erzogen, manchmal verzogen. Es wollte sein Leben finden, immer aber im Schutz und in der Liebe der Familie bleiben. So nahm es eine lange Schnur und band sie um seine Mitte. Das andere Ende hielten die Eltern fest, und so ging es durch die Welt. Immer wenn es in Gefahr war und Angst hatte, zog es fest an der Schnur. Die Eltern merkten dies und zogen gleichfalls an der Schnur und damit das Kind in ihre Nähe. Sie sprachen über die Ängste ihres Kindes und fanden Wege, diese Ängste zu mindern. Dann ging das Kind wieder ins Leben hinaus, und wenn die Angst wieder kam, zog es wieder an der Schnur.

So ging es lange Zeit. Das Kind wuchs heran in festem Vertrauen und mit viel Lebensmut. Alles durfte es erleben und riskieren und war doch nie allein.

Eines Tages löste es diese Schnur im Einverständnis mit den Eltern und übergab sie Jesus. Es band jetzt das eine Ende nicht mehr um seine Mitte, sondern verankerte es in seinem Herzen. So ging das Kind hinaus ins Leben, und wenn Gefahr drohte, ging es zu Jesus und besprach alles mit ihm. Der Geist Gottes war gegenwärtig in der Stimme des Gewissens. Das Kind war sich sicher, daß Jesus die Schnur niemals loslassen werde. Manchmal war die Leine lang gezogen, manchmal kurz. So verstand das Kind auch die Zeit der Wüste und die Zeit der Gnade. Es wußte um diese Schnur und auch darum, daß es Höhen und Tiefen, Schmerz und Freude begegnen würde. Doch am anderen Ende ist Jesus, der es liebt, lockt und mahnt, der niemals losläßt und es eines Tages, wenn die Zeit der Erde zu Ende geht, an sich heranzieht. In diesem Wissen betete es: Lieber Jesus, schenke jedem Kind eine Schnur und hilf den Eltern, diese Schnur zur rechten Zeit loszulassen und dir zu übergeben. Amen

Selbstannahme: Ein Junge namens Traurig

Es war einmal vor langer Zeit ein kleiner Junge. Er hatte eine viel zu lange Nase und weißes Haar. Die Leute, die vorbeigingen, schüttelten den Kopf und lachten ihn aus. Und jedesmal, wenn er das erleben mußte, ging er hinauf auf den Berg und war traurig. Dort oben konnte er über das weite Land blicken und allein sein. Seine Eltern verzweifelten fast und wußten keinen Rat. Jeder, der ihn sah, sagte, er sei häßlich. Und der Spott traf den Jungen so tief, daß er sich dem nur entziehen konnte, wenn er auf den Berg ging.

Die Leute nannten ihn »Traurig«. Und wenn sich die anderen Kinder auf ihn stürzten und Spottnamen hinter ihm herriefen, fühlte er sich sehr einsam. Dann ging er wieder auf den Berg und war traurig.
Er war kein guter Schüler; und oft wurde er für seine schlechten Noten bestraft. Er hatte Angst, wagte aber nicht, darüber zu sprechen. Mit wem auch? Er hatte ja keine Freunde. So ging er immer wieder auf den Berg, wo er eine Aussicht über das ganze Tal hatte und seine Trauer ausleben konnte.
Er sehnte sich so sehr nach einem Freund; aber keiner war da, der ihn in sein Herz schloß. In diesem Kummer und Schmerz ging er wieder auf den Berg. Eng wurde es in seiner Brust, weil er immer alles geschluckt hatte. Er litt unter dem Druck und weinte oft. Die anderen lachten über seine Tränen und redeten ihm ein, daß Buben nicht weinen dürfen. So ging er hinauf auf den Berg, dachte darüber nach und war sehr traurig.
Wieder einmal saß er da und schaute über das Tal. Die Wolken brauten sich zusammen, und plötzlich überspannte ein wunderschöner Regenbogen das Tal. Und während er noch tief in Gedanken war, schien es ihm, als würde ein kleines Männchen auf dem Regenbogen herunterrutschen, direkt in seine Hand. Erschrocken blickte Traurig das Männchen an: »Wer bist du und was willst du von mir?«
»Ich bin dein neuer Freund«, sagte das Männchen

und lachte dabei. »Die Leute nennen mich Traurig, weil ich nicht lachen kann; niemand mag mich«, entgegnete Traurig.
»Ich weiß«, erwiderte das Männchen, »seit langem beobachte ich dich hier auf dem Berg. Und weil ich auch niemanden habe, der mit mir alles teilt, komme ich zu dir.«
Im Gesicht von Traurig wurde es heller. Zum ersten Mal lachte er. Und da – schwupps – sprang das Männchen in seinen Mund, rutschte in seinen Magen hinein und begann dort alles zu lösen, was Traurig in all den Jahren geschluckt hatte: Zorn, Kummer, Streß, Einsamkeit und Angst, Tränen und Spott. Dann tauchte das Männchen wieder auf und beide rutschten fröhlich auf dem Regenbogen herum.
Das viele Rutschen und Purzelbaumschlagen rüttelte Traurig dermaßen auf, daß er alles ausspuckte, was das Männchen in ihm gelöst hatte. Wie Pfeile, so scharf, flog alles hinunter ins Tal und fiel auf die Leute. Hart wurden sie getroffen, die ehemaligen Spötter und Hasser. Und als sie hinaufblickten zum Berg, sahen sie Traurig, der aber sehr fröhlich war. Sie bereuten, was sie getan hatten; denn sie erkannten ihre Lieblosigkeit.
Das Männchen aber und Traurig wurden Freunde. Sie spielten auf dem Regenbogen und vergaßen Raum und Zeit.
Traurig warf auch seinen Namen ins Tal und nannte sich von nun an Fröhlich.

Veränderungen: Das fallende Blatt

Martin saß wie jeden Morgen am Fenster und träumte vor sich hin. Dabei betrachtete er mit großer Freude einen blühenden Baum, der im Hof stand und im Sommer herrliche Früchte trug. Viele Vögel hatten dort in den Zweigen ihr Zuhause und sangen schöne Lieder. Das erfreute Martin.

Doch dann im Herbst, als die ersten Stürme kamen, fielen die Blätter ab; erst wenige, dann immer mehr; sie landeten auf dem Boden, wo spielende Kinder sie zertrampelten. Martin lief zu seinem Großvater, den er sehr mochte. »Was passiert mit den Blättern, die herunterfallen?« fragte er ihn. »Nun«, antwortete der Großvater, »sie verfaulen allmählich und werden zu Humus. Davon nährt sich die Erde und daraus entsteht im nächsten Jahr wieder neues Leben.«

Martin dachte darüber nach und hatte die Idee, alle Blätter einzusammeln. Er konnte es nicht ertragen, daß sie von den Schuhen der Menschen, von Wind und Wetter zerstört würden. Doch Großvater belehrte ihn: »Weißt du, Martin, das ist so: Für jedes Lebewesen, für jede Pflanze und auch für den Menschen kommt einmal die Zeit des Ausruhens. Der Baum erholt sich, damit er im Frühjahr wieder schön blühen kann. Dann kommt irgendwann der Zeitpunkt, wo er stirbt, und auch wir Menschen müssen sterben.«

»Werden wir dann auch zerstampft wie die Blätter und zu Humus?« fragte Martin.
»Wir verändern uns und sind nicht mehr die, die wir vorher waren. Das werde ich dir später mal erklären. Alles, was sich erneuern will, muß fallengelassen werden. Danach kommt dann eine neue, sehr schöne Zeit der Blüte, und zwar ewig. Nach dem Tod gibt es keine Schmerzen mehr, kein Zertrampeltwerden, nur noch Freude und Frieden.«
Martin begann zu begreifen, was sein Großvater meinte. So gern er auch die fallenden Blätter aufgesammelt und aufbewahrt hätte, es wäre wenig sinnvoll gewesen. Er mußte lernen, Liebgewordenes loszulassen und dankbar zu sein für jede Zeit des Lebens.
Heute ist Martin ein erwachsener Mann. Großvater ist schon lange tot. Und manchmal denkt er darüber nach, welche Erklärung Großvater ihm heute geben würde.

Ichfindung: Der Maulwurf und der Marienkäfer

In einem wunderschönen Wald, wo die Bäume kerzengerade zum Himmel ragen, die Äste sich gegenseitig streicheln und der Wind die Baumkronen zum Tanzen einlädt, lebt ein Marienkäfer. Eigentlich lebt er auf der benachbarten Blumenwiese; aber er macht seine täglichen Flugübungen im Wald, weil es dort eine große Portion Blattläuse gibt, sozusagen als Belohnung für seine anstrengenden Flüge. Er trägt ein rotes Kleid mit schwarzen Punkten, und wenn die Sonne ihre goldenen Strahlen schickt, sind seine Farben noch viel schöner. Er weiß um seine Schönheit. In diesem Bewußtsein hat er sich vorgenommen, anderen Tieren, die es nicht so gut haben wie er, zu helfen und ihnen ihre Fähigkeiten und Vorzüge zu zeigen.

Eines Tages begegnete er dem Maulwurf, der gerade damit beschäftigt war, seine Wohnung sauber zu machen. Mit seinen großen Schaufelhänden warf er die überflüssige Erde vor den neuen Eingang. Vielleicht war es auch der Ausgang. Das weiß man bei Maulwürfen nie so genau. Als er eine kurze Pause einlegte, meinte er, ein leises Geräusch zu hören.

»Wer ist da?« fragte er; denn er war fast blind und konnte nur Umrisse erahnen.

»Ich bin es, der Marienkäfer!«

»So, du bist es«, seufzte der Maulwurf. »Wie gerne würde ich auch fliegen können. Ich habe es satt, immer hier unten zu wühlen und mich vor den Hunden der Jäger zu verstecken. Ich möchte auch Flügel haben und so unabhängig sein wie du.«

»Aber auch in der Luft gibt es Gefahren«, entgegnete der Marienkäfer. »Da muß ich aufpassen, daß mich kein Vogel verschluckt. Das kann dir nicht passieren.«

»Ich möchte aber trotzdem fliegen lernen«, erwi-

derte trotzig der Maulwurf und schob widerwillig einen Haufen Erde von sich weg.
Der Marienkäfer besann sich seines Vorhabens. Er wollte ja die anderen Tiere ermutigen, nicht belehren oder abweisen. Und er wußte auch, daß es wenig Sinn hatte, dem Maulwurf zu sagen, daß er niemals fliegen könne. Das würde die Trauer und die Wut nur noch größer machen. Außerdem hatte ihm sein Vater empfohlen, andere Tiere immer auf dem Weg zu begleiten, den sie wählen und für richtig halten, wobei begleiten auch zuhören heißt. Zuhören und helfen, die richtige Entscheidung zu treffen.
»Versuch einmal, vom Boden abzuheben. Du mußt deine Hände als Flügel benutzen«, sagte der Marienkäfer, wohl wissend, daß dieser Versuch zum Scheitern verurteilt ist. Aber er fand, daß es besser sei, wenn der Maulwurf diese Erfahrung selber macht.
Der Maulwurf begann zu springen und wackelte dabei so heftig mit seinen Schaufeln, daß der Marienkäfer um ein Haar in ein großes Gelächter ausgebrochen wäre. Rasch besann er sich seines pädagogischen Auftrags: »Versuch es einmal von diesem Ast aus!«
Und der Maulwurf kletterte auf einen niedrigen Ast und sprang herunter, als wollte er in einen See tauchen. »Es hat keinen Zweck«, brummte er vor sich hin. »Ich habe keine Flügel.« Und steuerte stracks auf seinen Eingang zu. Oder war es vielleicht doch der Ausgang?

»Du hast es erkannt«, antwortete der Marienkäfer. »Dafür hast du große Schaufelhände und kannst unterirdische Gänge bauen. Du bist ein Künstler. Gott hat dich für diese Aufgabe geschaffen und begabt.«
Der Maulwurf errötete leicht: Das hat ihm noch keiner gesagt. Tatsächlich hatte der Marienkäfer recht. Und er fand, daß Höhenflüge auch ganz schön gefährlich sein können, wobei er seine rechte Hand auf die Beule am Kopf legte, die er sich beim Sturz zugezogen hatte.
»Weißt du was«, sagte der Marienkäfer, »ich erzähle dir, wie der Wald von oben aussieht, und du erzählst mir, was unten so alles los ist.«
»Au fein«, entgegnete der Maulwurf, »das ist eine prima Idee. Dann bis morgen.« Und er verschwand in seiner Höhle, nicht ohne kurz den Blick zum Himmel zu richten, um Gott für seine Talente zu danken. Der Marienkäfer setzte zu seinem Flug an. Es war Zeit, sich eine Portion Blattläuse zu holen.

Gedankensplitter

Vom Mut, die Maske fallen zu lassen

Jeder will sich von seiner besten Seite zeigen und die weniger guten verstecken. Er sucht Bewunderung und Zuneigung. So legt er sich nicht nur eine, sondern viele Masken zu, entsprechend seinen jeweiligen Motiven und Gefühlen. Im Grunde spielt er ein Theaterstück, mal komisch, mal dramatisch, bisweilen tragisch. Sicher, Masken verleihen einen gewissen Schutz. Andererseits verdecken sie unsere wahre Person und lassen uns unecht erscheinen. Nicht ungern hören oder erzählen wir von den Fehlern anderer und demaskieren sie. Wir können uns dann erhaben fühlen, staunend oder mitleidig oder gar entrüstet über sie urteilen. Wir können die Betreffenden trösten, an die Wand stellen oder auslachen. Und lenken so von unseren eigenen Masken ab.

Was aber, wenn auch wir uns demaskieren und nackt zeigen? Nicht jeder, der nackt dasteht, ist auch bloßgestellt. Wer sich echt zeigt, seine guten wie schlechten Seiten zu erkennen gibt, wird die Erfahrung machen, daß andere ihn vielleicht bekleiden. Wer immer sein wahres und fehlerhaftes Wesen zeigt, um möglicherweise einer Kritik zuvorzukommen oder zu verstehen zu geben, daß er nicht besser ist als seine Zuhörer, wird Ermutigung, Trost, Zuspruch erfahren. Wer noch nicht gänzlich verdorben ist, wird unbewaffnete, des Schutzes entblößte Menschen nicht angreifen. Wer es dennoch tut, beweist seine eigene Theatralität, das heißt seinen Mangel an Persönlichkeit. Er ist nicht liebensfähig, weil er sich selber nicht entblößen kann. Die Angst vor Angriffen seines wahren Selbst hindert ihn, sich angreifbar zu machen. Nur Liebende sind leidensfähig und angreifbar. Nur Liebende entkleiden sich in einer echten Weise; alles andere ist Maske, Täuschung, Schutz.

Wie ist meine Selbstwahrnehmung? Kenne ich mich überhaupt? Kenne ich meine Fähigkeiten und Grenzen, meine Vorzüge und Schatten? Vergleiche ich mich mit anderen, um neidend meine Mängel oder dankbar die Verschiedenheit festzustellen? Lasse ich Kritik zu? Wer sich selbst bejaht, erlaubt auch kritische Reaktionen. Jeder hat das Recht auf Fehler; denn lernen ist nur möglich, wo Irrtum und Fehler erlaubt sind. Wer sich keine Fehler gestatten will, zerstört seine Kreativität und blockiert seine Entwicklung. »Macht euch auf den Weg«, sagt Jesus. Nie hat er gesagt, wir dürften keine Fehler machen und nichts ausprobieren.

Es ist unnütz, sich ständig Gedanken zu machen über das, was andere über uns reden. Wir sollten uns fragen, was Gott von uns will und welche Möglichkeiten wir haben, ihm zu begegnen. Dabei muß es möglich sein, daß jeder seine eigene Art haben darf, ohne ihn dieser Eigenart bezichtigen zu wollen. Ja, wir können andere sogar begleiten auf ihrem Weg, ohne ihnen unsere Meinung aufdrücken zu wollen; weil viele Wege nach Rom führen, auch die Umwege.

Es ist eine besonders bittere Erkenntnis, daß auch Christen und jene, die sich für besonders rechtgläubig halten, ihr wahres Gesicht maskieren. Aus Angst, von den Mitmenschen oder gar von Gott selber abgelehnt zu werden, geben sie sich betont fromm und gesetzestreu, wobei ihr christliches Leben blutleer und angstbesetzt ist. Sie wagen ihr Leben nicht und orientieren sich verbissen an Vorschriften in der irrigen Meinung, dies sei Gottes Wille. So kann es kommen, daß sie innerlich unversöhnt und unerlöst sind, äußerlich aber angepaßt und unauffällig. Sie schielen auf die Freiheit der anderen, die sie sich selber nicht zu geben wagen, und kommen sich dabei noch gerecht vor. Bei allen religiösen Haltungen und Handlungen kommt es auf die Intention an.

Wir wissen nicht, was sich in den Herzen anderer abspielt. Das weiß nur Gott allein. Der Augenschein kann trügen. Sind nicht auch Jugendliche, die sich anders kleiden, sich tätowieren und in Diskos ihre Nächte verbringen, auf der Suche nach ihrer wahren Berufung? Sollen wir sie verurteilen? Vielleicht tragen sie in ihrer Brust ein besseres Herz als wir? Gerade die Ärmsten aller Armen, die ich in Amerika angetroffen habe, haben mir ihre Zeit geschenkt, zugehört, und ihr Hab und Gut mit mir geteilt. Ich habe weit mehr Menschlichkeit vorgefunden, als ich mitgebracht hatte.

Aus Angst vor Sympathieverlust bitten wir sogar unsere Kinder, Masken anzuziehen, sich anders zu geben. Natürlich brauchen wir Regeln der Höflichkeit und des Anstands. Doch zu sehr rutschen wir ab in ein taktisches Manöver, berechnend, weil haben wollend. Wir wollen Ansehen haben, Image pflegen. Wir legen mehr Wert auf den Schein als auf das Sein. Jesus fordert uns auf, gut zu sein; denn das wahre Guthaben liegt stets im Gutsein.

Andere so sehen wie sie sind

Jesus heilte die Menschen, indem er sie so annahm, wie sie sind, und nicht, wie er sie haben wollte. Er verurteilte sie nicht. Indem er sie mit ihren Schwächen liebte, ermöglichte er ihre Verwandlung und Heilung. Helfen wir auch unseren Mitmenschen, besonders den Ausgestoßenen und sozial Geächteten, Veränderungen zu erleben, nicht durch Aufzwingen unserer Denkweisen, sondern durch Aufdeckung ihrer verborgenen Sehnsüchte. Es geht nicht darum, daß ich mein Licht dem anderen gebe, sondern seinen glimmenden Docht zum Leuchten bringe.

Wie sollen wir unsere Berufung finden, unsere Richtung erkennen und unsere Begabungen einsetzen, wenn wir nicht experimentieren dürfen? Wer beim ersten Fehlschlag eine Verurteilung ausspricht und den Betreffenden mit Sanktionen unter Druck setzt, blockiert ihn. Der triumphale Tadel »Hättest du auf uns gehört, wäre das nicht passiert!« steht keinem zu. Wer solches sagt, hat seine eigenen Fehltritte vergessen. Er spricht nicht aus Liebe, sondern aus Angst. Es ist auch die Angst vor der Selbständigkeit des anderen, vor der Loslösung und vor der eigenen Einsamkeit. Sehr viele Zurechtweisungen und Manipulationen werden im Deckmantel erzieherischer Maßnahmen getan, sind oft aber nur Auswüchse verborgener Ängste vor dem Nichtgefragtsein und vor der Leere.

Das Leben besteht oft im Sammeln von Sicherheiten. Niemand soll an dir zweifeln; dein Wort soll Gewicht haben. Was aber machst du, wenn du den Boden unter den Füßen verlierst? Du hast durch deine vielen Sicherheiten dem Stolz die Hand gereicht. Du hast erkannt, daß du nicht der bist, für den dich die anderen halten oder für den du dich selber gehalten hast. Statt dich vor Kritik zu fürchten, solltest du sie bei deinen Mitmenschen erbitten. Es ist lehrreich und führt zur Bescheidenheit, wenn dich die anderen ehrlich und aufrichtig beurteilen. Dann wirst auch du deine Mitmenschen aus einem anderen Blickwinkel betrachten. Versuche immer, hinter ihren Worten und Taten die suchende, verzweifelte, sehnsüchtige, ängstliche und verletzte Seele zu sehen. Nur so wirst du der Wirklichkeit näherkommen.

Das Ziel kann nicht sein, Problempatienten zu isolieren, bestenfalls medikamentös ruhigzustellen, sondern ihre Not zu erkennen und sie in die Gesellschaft zu integrieren. Das erfordert Mut, Vertrauen und Geduld. Das alles aber fehlt uns heute. Der Kranke soll kein Objekt, kein »Fall« sein, sondern er soll sich als Mensch fühlen dürfen, gleichwertig sein. Leider wird das Menschliche durch das Professionelle sehr schnell verdrängt; man spricht nicht mehr vom Herrn Bauer auf Zimmer 117, sondern vom »Karzinom«; und aus Frau Weber wird »die MS auf zwei A«. Das Spirituelle tritt zurück zugunsten des Funktionalen: Wir berühren die Menschen, wenn es sein muß, etwa beim Pulsfühlen oder beim Waschen. Wo bleibt die Streicheleinheit um der Liebe willen? Worte können trösten, doch Berührungen können heilen.

Ich stehe nicht höher, weil ich gesund bin und die anderen krank oder weniger intelligent oder weniger schön sind. Wer günstigere Voraussetzungen hat, hat auch mehr Verantwortung. Wer gefragt ist, läuft Gefahr, sich wichtig zu nehmen. Davor sind wir alle nicht gefeit. Deshalb läßt Gott es bisweilen zu, daß jemand seine Unabhängigkeit, seine Macht oder seine vermeintliche Vollkommenheit verliert, indem er ihn gegen alle Erwartungen in eine Krankheit, eine berufliche Misere, eine schwere moralische Verfehlung fallen läßt. Dies hat mit einer göttlichen Bestrafung nichts zu tun; es ist vielmehr eine Chance zur Besinnung und zur Rückkehr in die Wirklichkeit.

Falsch verstandene Tugenden

Leider haben viele Menschen ein falsches Gottesbild. Wer Angst vor Gott hat, wird vielleicht ins Gebet flüchten, um ihn zu besänftigen, oder er flieht vor ihm. Doch wo immer er hinläuft, dort ist auch sein Problem. Beides macht unfrei und auf Dauer krank... Durch übertriebene Leistungsfrömmigkeit versuchen sie, ihre Schuld auszugleichen. Es fehlt ihnen an Vertrauen. Sie wollen sich verdienen, was Gott ihnen schenkt. Eine Liebe, die Angst macht, ist keine Liebe, und sie würde mich trotz der Beachtung aller Gebote keinen Schritt näher zu Gott bringen.

Es gibt eine Frömmigkeit, die stur und zwanghaft biblische Vorschriften befolgt und all jene verurteilt, die dies nicht tun. Ich darf mich nicht selbst für gerecht und fromm halten, sonst sitzt der Balken tief im eigenen Auge. Es gilt, sein Licht zu nutzen, um anderen den Weg zu zeigen oder ihnen Wärme zu geben, nicht aber sie zu blenden.

Die Tugend der Selbsterniedrigung ist kein Sichselberschlechtmachen. Sie meint Vertrauen auf Gott, dem ich alle Gaben verdanke; sie meint ein

Zurückstellen der eigenen Person zugunsten Schwächerer, damit auch sie einmal zum Leuchten kommen.

Das Wort Toleranz ist in aller Munde. Ein jeder nimmt für sich in Anspruch, tolerant zu sein, wenn er beispielsweise seine Kinder machen läßt, was sie wollen. Oder wenn er sich nicht in die weltanschaulichen Verirrungen seines Freundes einmischt. Man möchte ja nicht für kleinlich und ängstlich gehalten werden. So kommt es, daß wir alles um uns herum so belassen wie es ist, obgleich manches keineswegs gut und richtig ist. Hier werden Gleichgültigkeit oder Bequemlichkeit mit Toleranz verwechselt.

Oder wir halten uns für diplomatisch, nur weil wir mit gezinkten Karten spielen und eine Situation zu unserem Vorteil arrangieren, in Wahrheit aber schlichtweg täuschen.

Andere stellen sich als sehr bescheiden dar, wo in Wirklichkeit vielleicht Hemmungen die Ursachen jener »Bescheidenheit« sind, oder Angst. Wahre Bescheidenheit wird weder von Hemmungen noch von Angst gespeist; sie kommt aus der Überzeugung des Herzens, aus dem Wissen um die Abhängigkeit von Gottes Gnade.

Die Angst, als krank zu gelten

Wer nicht krank ist, muß sich nicht unbedingt gesund fühlen. Wer sich gesund fühlt, kann auch krank sein. Es herrscht in unserem Leben ein stetes Wechselspiel zwischen Einstellungen, Bedürfnissen, körperlichem Wohlbefinden und äußeren Einflüssen. Gesundheit ist der Pfeiler, der von vielen positiven Elementen gestützt werden muß. Dazu zählen unter anderem gute Arbeitsplätze und gute soziale Beziehungen, richtige Ernährung und Krankheitsverhütung. Stehen Körper, Seele und Geist im Gleichklang, können wir sagen: Wir sind gesund. Besteht nun die Angst vor der Krankheit im Verlust des Gleichklangs oder etwa nur im Verlust der Leistungsfähigkeit oder im Verlust der sozialen Beziehungen?

Unsere Gesellschaft betont die Leistungsfähigkeit, die den Erfolg sichert. Alte, Behinderte und Kranke können diese Erwartungen nicht erfüllen. Sie verlieren ihren sozialen Status, oft auch die finanzielle Unabhängigkeit und werden so in die zweite Reihe verbannt. Sie sind stigmatisiert.
Durch unsere vorgefaßten Meinungen setzen wir sie unter Druck und hemmen so ihre Entfaltungsmöglichkeiten, ihre Genesung oder Resozialisierung. Jeder soll im Rahmen der Norm bleiben. Doch was ist Norm? Bringt die Abweichung von der Norm nicht

auch Kreativität, Vielfalt und vor allem Originalität? Wer sich selber finden will, muß gegen den Strom schwimmen. Das kostet Kraft. Dabei kann mancher auf der Strecke bleiben; er gerät außer Kontrolle und wird medikamentös ruhiggestellt. In den Kliniken kommt es wesentlich auf die Ruhe an, nicht auf die Originalität; denn diese ist manchmal unbequem.

Jeder hat Probleme, aber nicht jeder erkrankt an ihnen. Konfliktfähigkeit muß man lernen. Der seelische Streß kann die Psyche belasten, anschlagen und zerstören. Die Angst vor den Konflikten führt manche zu ihrer Verdrängung. Doch ein Problem haben ist noch nicht krankmachend, es aber nicht wahrhaben wollen, kann krank machen. Viele wollen einen Konflikt der Seele nicht wahrhaben, weil sie meinen, sie verlören dadurch ihr Ansehen. Deshalb meiden sie den notwendigen Weg zum Arzt oder Psychotherapeuten. So haben sie einen doppelten Konflikt: den ihrer Seele und den ihres Geistes. Sie sind Opfer eines falschen Denkens. Sie müssen ihre Symptome verschleiern und auch die Angst vor der Entdeckung ihrer Symptome. So verbrauchen sie eine ungeheure Energie, um ihren sozial gefälligen Status zu bewahren.

Die wahre Therapie und Rehabilitation ist ganzheitlich; sie betrifft alle Bereiche des Menschen; sie meint Leib- und Seelsorge, soziale Fürsorge und Orientierung an einer transzendentalen Macht. Immer mehr Kranke klagen in den Alten- und Pflegeheimen über den Verlust ihrer Würde. Sich selbst überlassen, allenfalls einer desinteressierten oder überforderten Pflegeperson ausgeliefert, siechen sie dahin. Hier liegt unsere wirkliche Angst verborgen: die Angst vor der Ohnmacht, vor dem Ausgeliefertsein.

Der kranke, aber auch der gesunde Mensch ist auf Hilfe angewiesen. Der Kranke braucht die Pflege; der Gesunde, vor allem der im Krankendienst Stehende braucht ständige Weiterbildung. Auch der Austausch im Team ist wichtig. Teamarbeit bedeutet: bereit sein zur gegenseitigen Korrektur, zum Austausch von Erkenntnissen, zur Entlastung innerhalb der Fürsorge. Ausgebrannte Betreuer, die für Neues nicht offen sind, werden ihrer Aufgabe nicht mehr gerecht; sie sind Barrieren in einem Fluß. Sehr gefährlich kann das Routinedenken werden, wenn die Offenheit zum Lernen nicht mehr da ist.
Ich stehe nicht höher, weil ich gesund bin und die anderen krank sind. Ich habe nicht mehr Macht über sie, sondern mehr Verantwortung.

Der aus dem Glauben Handelnde, also derjenige, der sich Gott verpflichtet weiß, muß sich abgrenzen, wenn er nicht selber einer frühzeitigen Erschöpfung erliegen will. Denn gerade die Frommen neigen zur Übertreibung, weil sie die Nächstenliebe von einer gesunden Selbstliebe abkoppeln. Sie müssen Pausen einlegen, sich den Rückzug gönnen, was nicht immer ohne Schuldgefühle geht. Andere wiederum, die nicht so religiös gebunden sind, müssen sich vielleicht das Gegenteil sagen lassen. Aus Angst, selber krank zu werden, distanzieren sie sich möglicherweise zu sehr und reduzieren ihre Arbeit auf das funktional Notwendige. Doch darf die Menschlichkeit nicht hinter der Professionalität zurückstehen.

Jörg Müller
GEBET UM INNERE HEILUNG

Herr Jesus Christus, du bist zu den Sündern gekommen, zu den Kranken, zu den Armen und Leidenden. Du hast ihre seelischen und körperlichen Verletzungen geheilt, Dämonen ausgetrieben, Tote erweckt, Schuld vergeben. Oft war die innere Heilung Voraussetzung für die körperliche Gesundheit. Auch heute bist du bereit, uns zu helfen, unsere inneren Verletzungen und Gebrechen zu heilen. Stärke unser Vertrauen zu dir, die Liebe zu dir, die Hoffnung auf ganze Heilung und das Wissen um die totale Vergebung.

Deine Liebe zu jedem von uns ist grenzenlos; doch tiefe Wunden, von Menschen seit meinen Kindheitstagen zugefügt, haben meine Liebe zu dir oft erschüttert, meinen Glauben auf die Probe gestellt, meine Seele in große Bedrängnis gebracht. So bringe ich dir jetzt mein ganzes Leben, die Zeit vor meiner Geburt und die Geburtsstunde selber, mit all ihren Umständen, mit den möglichen Verletzungen, die damals schon durch Ablehnung, Angst oder Krankheit meiner Mutter mir zugefügt wurden.

Ich bringe dir meine ersten Lebensjahre, die vielleicht gekennzeichnet waren von einem Mangel an Liebe, an Zuwendung und Anerkennung. Vielleicht haben mich meine Eltern zu sehr gebunden, eifersüchtig behütet und verwöhnt, so daß ich unselb-

ständig wurde, ängstlich, gehemmt, und neidvoll auf meine Kameraden schaute, aggressiv gegen meine Eltern und damaligen Vorgesetzten war.
Ich bringe dir meine Jugendzeit, meine Schul- und Lehrjahre. Manchmal fühlte ich mich vernachlässigt und suchte verstärkt nach Bewunderung, fühlte Neid und Selbstmitleid. Ich wollte besser sein als die anderen, durch Leistung Liebe erkaufen, wurde wieder und wieder enttäuscht und versank schließlich in depressive oder in aggressive Stimmung, in der ich mich selber ablehnte, weil ich glaubte, weder lebens- noch liebenswert zu sein. Ich denke an manche Personen in meiner Verwandtschaft, die mich durch ihre dominante und erdrückende Art in meiner Entwicklung hemmten oder die sich kaum um mich kümmerten, weil sie keine Zeit hatten. Es gab Augenblicke großer Verzweiflung und Ausweglosigkeit, in denen ich auch dir zürnte und mich treiben ließ.
Es kam die Zeit meiner geschlechtlichen Reifung, wo ich oft unerklärliche Ängste verspürte. Die Erwachsenen ließen mich im Stich, reagierten ablehnend. Ich suchte mich zu orientieren in beruflicher, partnerschaftlicher und charakterlicher Hinsicht und fühlte mich oft alleingelassen von meinen Vorgesetzten, von meinen Kameraden. Immer wollten sie mich anders haben, als ich gerade war. Das weckte in mir eine ohnmächtige Wut, eine tiefe Angst, eine große Unsicherheit. Es gab Zeiten gefährlicher Abhängigkeiten von Personen, von Din-

gen oder von attraktiven Irrlehren. Dann kamen wieder Momente frommer Bemühungen, deine Liebe zu gewinnen. Geistliche Verbitterung und Flucht in weltliche Geschäftigkeit waren ebenso da wie religiöser Leistungsdrang und die Bemühung, die erlittenen Demütigungen zu vergeben. Ich bringe dir die Jahre meines Berufslebens, meiner Ehe oder meines Alleinseins mit den wirklichen oder vermeintlichen Angriffen meiner Mitmenschen. Ich empfinde Groll, wenn ich daran denke, wie man mir einen bestimmten Partner aufdrängen oder ausreden wollte, meine beruflichen Pläne zu durchkreuzen suchte, weil man es immer so gut mit mir meinte. Herr, wie oft weinte ich über die Intoleranz meiner Erzieher! Du selbst hast mich sehr getroffen, weil ich trotz meiner vielen Bitten keinen Partner gefunden habe oder ihn durch Tod oder Scheidung verloren habe. Ich vergebe dir.

Ich bringe vor dich meine Familie, meine Kinder und meine Schwiegersöhne und -töchter. Auch mit ihnen lief nicht alles so, wie ich mir das wünschte. Da gab es manchen Ärger und manche Demütigungen, die wir uns gegenseitig zufügten. Oft fühlte ich mich nicht verstanden in meinen Anliegen und Handlungen, wurde angegriffen und schlechtgemacht. Ich bringe dir alle erlittenen Zurückweisungen und als Einmischung mißverstandene Bemühungen um sie. Vielleicht, Herr, war meine Fürsorglichkeit übertrieben; vielleicht schmerzte mich mein zunehmendes

Alter und das Gefühl, nicht mehr gebraucht zu werden. Ich bringe dir mein gegenwärtiges Leben und die Jahre, die noch vor mir liegen. Manchmal spüre ich Angst vor dem, was noch kommt. Wenn ich so zurückschaue auf mein Leben, überkommt mich das Gefühl von Trauer. Gewiß, Herr, es gab auch schöne Zeiten, liebevolle Begegnungen. Ich lege dir alles in deine Hand, vornehmlich aber jene Menschen, die mich bewußt oder unbewußt verwundet haben: Verwandte, Freunde, Kollegen, Untergebene, Vorgesetzte, Nachbarn, Vertreter von Kirche und Staat. Ich vergebe allen. Ich vergebe auch mir selbst. Und dir, Herr, daß du mir die Wunden zugemutet hast. Heute weiß ich, daß du nur aus Liebe handeln kannst, daß der Mensch nur in der Annahme seines Schmerzes reifen kann.

Und nun, Herr, heile mich, heile alle noch offenen Wunden und schmerzlichen Erinnerungen! Heile auch die Wunden, die ich meinen Mitmenschen geschlagen habe. Du allein kennst mich, weißt um die Motive meiner Handlungen, um die Quellen meiner Gefühle. Du bist mein Freund und hast auf diesen Tag schon immer gewartet. Jetzt übergebe ich dir alles, was mich bewegt und was mich gehindert hat, ganz dir zu gehören. Ich danke dir, Vater, daß du mich in Liebe geschaffen hast. Ich danke dir, Jesus, daß du mich in Liebe erlöst hast. Und ich danke dir, Heiliger Geist, daß du mich in Liebe heilen und heiligen willst. Amen.

Weitere Bücher von Jörg Müller

Gott ist anders

Das Leiden an den falschen Gottesvorstellungen – Wege zur Heilung
120 Seiten, kartoniert. ISBN 3-89511-005-1

Jede Neurose ist letztlich ein Leiden an Gott. Diese Erkenntnis von C. G. Jung mag verwundern oder ärgern. Nach vielen Jahren therapeutischer Tätigkeit sieht der Autor sie bestätigt. Das muß nicht heißen, daß jeder neurotisch wird, der an seinem Gott leidet.
Das Leiden an Gott ist vorwiegend ein Leiden an einem falschen Gottesbild, an der Vorstellung von einem bedrohlichen, angstmachenden und strafenden Gott. Jörg Müller weist in diesem Buch Wege zu tieferer Einsicht und zu einer befreienden Gottesbeziehung.

Ich hab dir was zu sagen, Herr

Gebete für alle Zeiten
96 Seiten, kartoniert. ISBN 3-89511-008-6

»Beten bedeutet Hören auf Gott. Deshalb wollte ich zuerst ein Buch schreiben mit dem Titel: Rede, Herr, dein Diener hört. Das Buch hätte nur leere Seiten gehabt, damit jeder das Gehörte darin hätte niederschreiben können. Beten meint auch Handeln für Gott. Das hätte gar kein Buch erfordert. Beten heißt schließlich Reden mit Gott. Und weil so viele Christen nicht wissen, wie und worüber sie mit Gott reden sollen, habe ich fünfzig Vorschläge formuliert.« (Aus dem Vorwort)

Betulius Verlag Stuttgart

Verwünscht, verhext, verrückt oder was?

Gibt es dämonisch bedingte Störungen? Was sagen Psychologie und Theologie dazu? Wer kann helfen?
Vorwort von Weihbischof Franzsikus Eisenbach
120 Seiten, kartoniert. ISBN 3-89511-046-9

Die Zahl der durch okkulte und satanische Praktiken gestörten Menschen liegt viel höher als bisher angenommen. Der Glaube an die reale Macht und Hilfe Gottes, dämonische Mächte zu bezwingen, ist weitgehend abhanden gekommen. Immer mehr Psychologen und Mediziner öffnen sich jetzt für diesen Bereich. Jörg Müller packt hier ein heißes Eisen an. Er bietet brauchbare Hilfen für ein befreiendes Handeln.

Selbsterkenntnis und Menschenführung

Mit Dieter Strauß
Praktische Anleitungen
144 Seiten, kartoniert. ISBN 3-89511-027-2

Wo liegen die typischen Fehler im privaten und beruflichen Umgang mit unseren Mitmenschen? Wie können wir uns selber führen, damit wir tägliche Frustrationen mindern und die Lebensqualität verbessern, ohne uns psychosomatische Störungen einzuhandeln? Dieses Buch erschließt Wege zur Sebsterkenntnis, die für eine erfolgreiche Menschenführung wichtig ist, insbesondere auch für ein bewußtes Führen der eigenen Person. Mit praktischen Anleitungen und Beispielen ist das Buch für Seelsorger, Lehrer und Erzieher gedacht, aber auch für Manager und Chefs und alle, die ihren Umgang mit Menschen positiv gestalten wollen.